LE SECRET
DE L'ALCHIMISTE

Colm Holland

LE SECRET DE L'ALCHIMISTE

Le lotus & l'éléphant

Publié pour la première fois au Royaume-Uni
par John Hunt Publishing Ltd 3,
East Street – New Alresford – Hampshire – SO24 9EE – UK
sous le titre *The Secret of The Alchemist*.
Publié en 2021 sous licence de John Hunt Publishin Ltd.

Pour la version française :

58, rue Jean Bleuzen – 92 178 VANVES CEDEX

Direction Hachette Pratique : Catherine Saunier-Talec
Responsable d'édition : Lisa Grall
Responsable de projet : Séverine Corson-Schneider
Responsable artistique : Cécilia Rehbinder
Illustration de couverture : Jules Bacon
Préparation de copie : Charlotte Müller
Relecture : Odile Raoul
Fabrication : Anne-Laure Soyez

Dépôt légal : juin 2021
29-2000-5/01
ISBN : 978-2-01-714986-6

Achevé d'imprimer en juin 2021 par par Grafica Veneta Spa en Italie

SOMMAIRE

PRÉFACE

MA RENCONTRE AVEC *L'ALCHIMISTE*

En 1993, je faisais partie du département marketing international de l'un des plus grands éditeurs mondiaux et j'habitais en Australie. Tous les vendredis, je recevais une pile de manuscrits envoyés par notre service éditorial de San Francisco. J'avais pour tâche de les lire et de choisir les livres que nous allions distribuer en Océanie.

Ces ouvrages appartenaient à la collection « New Age » et, à cette époque, le marché australien de la littérature consacrée à la spiritualité naissait à peine. Dans la liste des best-sellers, on trouvait plutôt des biographies de sportifs, des polars glauques, des thrillers survoltés… et des romans érotiques. Les temps ont bien changé !

Dans l'une de ces piles de manuscrits ésotériques, la magnifique couverture d'un opuscule intitulé *L'Alchimiste*, signé d'un auteur brésilien inconnu, Paulo Coelho, a attiré mon regard. Les notes expliquaient qu'il s'agissait de la première traduction anglaise de ce texte écrit en portugais. Le dessin de couverture représentait dans un style naïf et chamarré un personnage borgne vêtu d'une djellaba et un jeune pèlerin. Leur silhouette se découpait sur un fond violet. Je l'ai tout de suite trouvé hypnotisante. À tel point que j'ai enfreint la règle que je m'étais fixée de ne jamais rapporter de travail à la maison le week-end. J'ai glissé l'ouvrage dans ma mallette avant de refermer la porte de mon bureau sur une longue semaine de labeur.

Le dimanche après-midi, après le déjeuner, le manuscrit s'est rappelé à moi. Je me suis installé sur un transat à l'ombre d'un eucalyptus dans mon jardin de Sydney afin d'en feuilleter quelques pages.

Le soleil s'est couché et la lumière s'est dissipée sur la conclusion du livre que j'avais lu d'une traite. Le doute n'était pas permis : cet ouvrage deviendrait un best-seller international !

Il s'agissait du récit limpide d'un jeune berger nommé Santiago et de sa quête d'un trésor dépassant ses rêves les plus fous. En chemin, il apprend à écouter son cœur et, plus important, il se rend compte que ses songes ne lui appartiennent pas uniquement, mais qu'ils font partie de l'« Âme du monde ».

Le lundi, j'ai appelé mon collègue californien sans hésiter à le tirer de son lit à sept heures du matin.

« Salut, Colm, a-t-il marmonné. Ravi d'avoir de tes nouvelles... mais ça ne pouvait pas attendre mon premier café ?

— Dis-m'en plus sur Paulo Coelho », lui ai-je demandé en ignorant sa requête.

J'avais la conviction de me trouver devant un phénomène littéraire unique.

Mon collègue a allumé son moulin à café électrique et, malgré le vacarme, m'a expliqué que Paulo avait une certaine notoriété au Brésil. Il écrivait en portugais et *L'Alchimiste* connaissait un succès local. Notre maison d'édition en avait acheté les droits mondiaux.

« Je te propose de sortir un petit tirage pour voir comment le marché anglophone va réagir, a-t-il poursuivi. Combien en veux-tu ? Deux cents, trois cents copies ? Il avait l'habitude de ce genre de chiffres pour le minuscule marché australien.

— J'en veux vingt mille, lui ai-je dit sans hésiter un seul instant. Et trente mille en réserve, une fois le premier tirage épuisé. »

J'ai d'abord entendu un cri de surprise, puis il a failli s'étrangler en avalant de travers une gorgée de café.

« Colm, tu es sérieux ?

— Tu as lu le bouquin. Tu sais que j'ai raison !

— D'accord, je vais voir ce que les autres marchés anglophones pensent de ton estimation. Maintenant, je vais raccrocher et aller me doucher, sinon je vais finir par être en retard ! »

Mon collègue avait sorti des centaines de livres et se montrait généralement sceptique lorsqu'on lui prédisait des ventes et des tirages records. Précisons qu'un éditeur courrait vite à la ruine s'il suivait ce genre d'intuitions déraisonnables. Toutefois, homme de parole, il m'a rappelé trois jours plus tard pour m'annoncer que nous allions publier cent mille exemplaires et que la plupart de mes collègues du monde entier s'accordaient à dire que ce livre avait de grandes chances de succès.

Le premier tirage a été épuisé en moins d'un mois et depuis il s'est vendu plus de quatre-vingt-cinq millions de copies. *L'Alchimiste* a été traduit dans plus de soixante-dix langues et il est resté sur la liste des best-sellers du *New York Times* plusieurs années après sa publication. Paulo compte plus de vingt-neuf millions d'abonnés sur Facebook et quinze sur Twitter.

Comme des millions de personnes, parmi lesquelles la présentatrice Oprah Winfrey, le président Bill Clinton, l'acteur Will Smith ou plus récemment le chanteur Pharrell Williams, *L'Alchimiste* a influencé ma vie. Pour moi, cet effet n'est pas seulement né de la lecture de ce livre, mais également d'une rencontre avec son auteur.

Du jour au lendemain, le roman de Paulo Coelho est devenu un phénomène littéraire mondial. En Australie, peu après la publication, est parue la première recension en anglais. Paulo Coelho a été convié à prendre la parole au festival annuel des écrivains d'Adélaïde qui lui a réservé un accueil enthousiaste. En passant par Sydney, avant de rentrer au Brésil, Paulo et sa femme Christina ont gentiment invité au restaurant Naomi, notre responsable de la publicité, et moi-même, ainsi que nos conjoints.

Pour deux raisons, au moins, je trépignais d'impatience. La première : au cours de ma carrière, je n'avais été remercié personnellement par un auteur qu'à deux reprises. Et la seconde ? Partager un peu de temps avec un esprit si créatif me semblait une occasion immanquable…

« Où nous retrouvons-nous ce soir et combien serons-nous ? ai-je interrogé Naomi, en glissant la tête dans son bureau l'après-midi de ce fameux dîner.

— Au Waterfront à 20 h. Il y aura Paolo, sa femme et nous quatre. Il m'a demandé de réserver dans le meilleur restaurant, sourit-elle.

— Oh ! C'est très généreux de sa part. » Mais, j'étais surtout ravi de pouvoir le rencontrer en petit comité. Souvent, les dîners d'auteur sont monopolisés par une ribambelle de cadres pour le moins... envahissants.

« Et Paulo m'a dit qu'il aurait une surprise pour nous deux », m'a confié Naomi en m'adressant un clin d'œil.

Mon impatience s'accroissait d'une seconde à l'autre. « J'ai tellement hâte. On se retrouve là-bas ! »

La soirée a comblé tous mes rêves. Nous avons discuté et échangé des anecdotes en nous régalant d'un repas délicieux, comme si nous étions de vieux amis. Paulo, hôte chaleureux et généreux, manifestait son amour pour son épouse, Christina. Il faisait attention à chacun de nous, nous interrogeait sur nos familles, nos attentes et nos espoirs. Trois heures se sont envolées et j'éprouvais une certaine tristesse en constatant que la soirée tirait à sa fin. J'avais complètement oublié la surprise mentionnée par Naomi.

« Avant notre départ, j'aimerais exprimer mes remerciements les plus sincères à mes nouveaux amis Naomi et Colm », a déclaré Paulo en extrayant un minuscule paquet cadeau de la poche de sa veste.

Il l'a posé devant Naomi. « Voici, s'est-il exclamé, un petit gage de ma gratitude pour l'attention que vous avez bien voulu nous porter à Christina et à moi lors de cette semaine à Adélaïde, ainsi que pour la magnifique couverture médiatique que vous avez réussi à générer durant toute l'année en Australie. J'ai demandé à Dieu et à Christina ce que vous aimeriez. J'espère qu'ils ont eu raison. » Il lui a adressé son célèbre sourire si désarmant.

Une fois n'est pas coutume, Naomi est restée sans voix et j'ai même remarqué ses yeux qui s'embuaient. Elle a ouvert précautionneusement le paquet devant la tablée silencieuse et a soulevé une magnifique bague en diamant. Bouleversée, elle avait du mal à contenir ses émotions. Paulo était tombé juste. J'ai eu l'honneur de travailler avec Naomi, l'une des meilleures responsables de la publicité que j'ai connue. Elle a toujours mis les bouchées doubles pour chacun de ses auteurs. J'ai eu l'impression que Paulo lui avait offert ce présent au nom des centaines d'écrivains qui ne l'avaient jamais remerciée. Nous l'avons tous applaudi.

Tout à ma joie pour Naomi, je me suis soudain rendu compte que Paulo s'adressait à moi.

« Colm, que dire ? Ses mots sont restés un instant suspendu en l'air. Son sourire s'est un peu figé et il a continué : J'ai entendu parler du coup de fil matinal que vous avez passé en Californie et de la foi que vous avez placée dans mon roman. Si vous ne l'aviez pas fait, nous ne serions pas ici ce soir. Je n'étais pas connu en dehors du Brésil et vous m'avez aidé à le devenir. Je vous en serai toujours obligé. »

À mon tour, je suis resté muet. En appelant en Californie ce matin-là, je croyais ne faire que mon boulot, parce que je trouvais le livre vraiment exceptionnel. De plus, je savais que d'autres confirmeraient mon jugement. Sans m'en vanter outre mesure, j'étais toutefois heureux de cette reconnaissance.

« Merci, Paulo, ai-je enfin réussi à dire, mais tout le mérite vous revient. Vous avez écrit un livre magnifique.

— Et pourtant, Colm, vous avez saisi ma vision. Alors, j'ai demandé à Dieu comment je pouvais vous remercier. »

J'allais devoir jouer aux devinettes. J'ai croisé le regard de ma femme aussi perplexe que moi tandis que nous attendions d'entendre la réponse que Dieu avait bien voulu lui donner. Paulo allait-il plonger la main dans sa poche une seconde fois pour en tirer un mystérieux cadeau ?

Mais il se contentait de m'observer avec la même intensité. « J'ai consacré de nombreuses heures à demander à Dieu ce que je devais vous offrir et j'ai obtenu une réponse. Il fallait que je passe toute une journée à faire appel à l'univers afin qu'il vous donne tout ce dont vous avez besoin pour devenir l'alchimiste de votre monde. Ainsi, tout ce que vous souhaitez se concrétisera. »

Il s'est interrompu un instant comme s'il se souvenait du miracle qu'il avait réalisé. Puis, il a poursuivi : « Il vous suffit de savoir ce que vous voulez. »

Le silence est retombé ; une chose tangible, mais invisible, venait de prendre vie parmi nous. Impossible d'en douter : nous avions assisté à un moment de vérité infiniment plus précieux que tout cadeau matériel. Presque, oserais-je dire, comme si Dieu Lui-même s'était exprimé.

Paulo a interrompu l'instant mystique qu'il avait créé. Il s'est levé et nous a serré la main. Sa femme et lui devaient rentrer en raison d'un vol très matinal. Il nous a de nouveau remerciés. Et il s'est éclipsé.

Hébété, j'ai félicité Naomi pour sa superbe bague et, à notre tour, nous sommes partis. En conduisant, je me souviens avoir demandé à mon épouse son opinion sur les paroles de Paulo. Elle m'a répondu avec sa sagesse coutumière : « Mon avis n'a aucun intérêt. L'important, c'est ce que tu en penses, toi. »

Et c'était bien là le problème ! À cet instant, je n'en avais aucune idée, sinon qu'un événement unique venait de se produire. Et si Paulo avait raison ? Et s'il avait accompli un miracle en mon nom et que l'univers allait m'offrir ce dont j'avais besoin pour réaliser ce que j'avais toujours désiré ?

Alors, je me suis posé une simple question : « Que veux-tu réellement dans la vie ? » Et la réponse est venue instantanément, du plus profond de mon âme. « Je veux réaliser mes rêves ! »

Dans ce livre, je vais vous révéler le secret de *L'Alchimiste* et vous expliquer comment, en l'appliquant, j'ai vu ma vie se transformer… et mes rêves se concrétiser !

REMERCIEMENTS

Ce livre n'existerait pas si Paulo Coelho n'avait pas écrit *L'Alchimiste*, publié en anglais par HarperCollins en 1993. Je me dois donc avant toute chose de le remercier pour ce cadeau qu'il a fait au monde. L'impact de son roman sur ma vie et ma rencontre avec lui imprègnent *Le Secret de L'Alchimiste* et je vous ai d'ailleurs raconté notre première entrevue dans la préface.

J'exprime également ma gratitude à mon éditrice, Laurie Devine, auteure primée pour ses best-sellers internationaux. Laurie, mon mentor, m'a encouragé de façon très professionnelle depuis notre premier entretien.

Je remercie aussi tous ceux dont je vais narrer l'histoire. J'ai changé leur nom et leur profession afin de préserver leur intimité, mais ils se reconnaîtront. Ils savent combien je leur suis redevable d'avoir consenti à partager leurs expériences.

L'illustration de couverture, une œuvre d'art unique, occupe la place d'honneur dans mon bureau et m'a inspiré durant l'écriture. En lisant ce livre, vous découvrirez son auteure et je la remercie encore une fois de partager ainsi son esprit créatif.

Merci à John Hunt Publishing d'avoir fait naître ce livre.

Enfin, je rends grâce à ma femme et à ma famille, toutes deux merveilleuses. Leur amour et leur dévouement tissent la trame de ma vie et, sans elles, je ne serais pas la personne que je suis aujourd'hui. Elles incarnent l'amour inconditionnel qui m'a inspiré pour écrire ce livre.

Colm Holland, 2019

LE MOT DE L'AUTEUR

J'ai conscience que nous donnons tous une signification et une compréhension personnelles à un mot. Un simple mot peut contenir différentes connotations intellectuelles ou psychologiques pour chacun de nous : souvent utiles... parfois non. Cet ouvrage n'a pas pour objet de redéfinir la signification d'un mot. Mais je souhaite m'ouvrir à vous, lecteurs, sur la compréhension que j'ai de l'un des mots les plus courants du monde. Tout au long de ce livre, je fais en effet référence à l'Amour.

« Amour » possède de nombreux sens dans de nombreuses langues et notamment en anglais, du fait de son utilisation dans divers contextes très différents, de l'attraction sexuelle à l'avis que l'on émet sur une chose.

Mon usage du mot Amour dans *Le Secret de L'Alchimiste* revêt une signification très précise, raison pour laquelle je lui attribue un A majuscule. J'évoque en effet l'Amour inconditionnel.

Il s'agit d'un Amour qui ne connaît pas de mesure, qui n'abandonne jamais, veut toujours le meilleur pour l'autre, pardonne et ne juge pas, déborde de bienveillance et de compassion, et ressent profondément la souffrance et la joie d'autrui. C'est un Amour qui s'exprime dans l'action. Voici donc ma définition de l'Amour. Immuable et illimité.

L'Amour est également le nom que j'attribue à la force qui constitue l'étoffe de toute vie et traverse l'univers entier en maintenant sa cohérence. Je cherche à ne faire qu'un avec elle, afin de pouvoir, moi aussi, aimer inconditionnellement.

L'Amour vous donnera ce que vous voulez si vous le laissez faire.

INTRODUCTION

« Pourquoi le livre de Paulo Coelho, *L'Alchimiste*, a-t-il autant de succès dans le monde entier ? » me suis-je demandé lorsque le livre s'est hissé dans la liste des best-sellers du *New York Times*, peu après sa publication. Vingt-cinq ans ont passé depuis cet après-midi où j'ai lu le manuscrit original et je n'en reviens toujours pas. Ma prédiction s'est réalisée au-delà de mes espoirs les plus fous. Pendant un certain temps, Paulo a détenu le record mondial Guinness décerné à l'auteur vivant le plus traduit pour le même livre. Il a seulement été détrôné par *Harry Potter à l'école des sorciers*. Je me questionnais donc sans relâche : « Comment l'histoire de Santiago a-t-elle réussi à ravir le cœur de tant de lectrices et de lecteurs ? »

L'Alchimiste a-t-il connu le succès en raison de son message simple : suis tes rêves et ils se réaliseront ? Ou existe-t-il d'autres facteurs plus significatifs ? Pourquoi ce livre a-t-il plu, dans le monde entier, à un lectorat issu de cultures différentes ? Recèle-t-il des secrets cachés attendant d'être découverts ? Si tel est le cas, me suis-je dit à l'époque, alors ma mission consistera à les débusquer, afin de puiser dans leur pouvoir pour concrétiser mes rêves.

Avant d'aller plus loin dans cette introduction, j'ai bien conscience que vous vous interrogez sans doute sur les conséquences de ma rencontre avec Paulo Coelho. Je vais donc finir de vous la raconter afin que vous compreniez parfaitement pourquoi j'ai écrit ce livre.

Nous sommes rentrés, ce soir-là, avec ma femme et nous nous sommes couchés. Je me demandais pourquoi Paulo n'avait pas simplement extrait une belle montre de son autre poche. Alors, j'aurais eu quelque chose de tangible en témoignage de sa gratitude. La signification et la magnitude de ce que Paulo m'avait révélé – et notamment ce qu'il avait fait en mon nom – s'estompaient déjà tandis que je pensais à tout ce qui m'attendait au travail. J'ai fini par m'endormir.

Le lendemain matin, j'ai entendu l'une de mes collègues qui lâchait un petit cri de plaisir en voyant la magnifique bague de Naomi. Puis la même personne a passé la tête dans mon bureau pour me poser la question inévitable. Que m'avait donc offert Paulo ? En voyant mon regard noir, elle m'a souri d'un air crispé avant de battre prudemment en retraite.

Plus tard, j'ai plaisanté avec Naomi en regrettant de ne pas avoir de belle montre à exhiber.

« Fais attention, s'est-elle esclaffée. Tu pourrais avoir ce dont tu rêves. C'est ce que Paulo t'a annoncé, non ? Mais, franchement, je ne te savais pas si matérialiste ! »

J'ai ri et prétexté de me remettre au travail pour absorber l'impact de ce qu'elle venait de me dire. « Tu pourrais avoir ce dont tu rêves. » Et elle avait raison : l'horlogerie n'a jamais été une de mes priorités. J'ai fini par ne plus me soucier de ses commentaires. À cet instant, je souhaitais uniquement me débarrasser de mes tâches quotidiennes, sans que cette perspective m'enthousiasme outre mesure.

En vérité, à l'instar de la plupart de mes semblables, je me sentais frustré par le train-train abrutissant du cadre moyen. J'avais l'impression d'être sous-payé et sous-estimé, de n'avoir aucune échappatoire. Plus important, je commençais à comprendre que j'avais perdu tout entrain, toute passion pour mon job. Mais j'avais une famille à charge et besoin d'argent, comme des millions d'autres qui triment dans des boulots alimentaires sans s'y épanouir. Pour compliquer la situation, mes deux responsables directs pratiquaient un style de management qui, non seulement ne facilitait pas la tâche à leurs subordonnés, mais privait également ceux-ci du plaisir légitime qu'ils retiraient du travail bien fait.

Au moment où j'ai rencontré Paulo, je caressais discrètement le désir de quitter l'entreprise pour lancer ma propre affaire. Il me fallait seulement le courage et l'occasion de consommer la rupture sans mettre ma famille en danger financier. Mais je ne me sentais pas encore capable de prendre les devants... et ce risque.

Que s'est-il passé, alors ?

J'ai écouté mon cœur. Il m'a dit que si j'étudiais *L'Alchimiste* en profondeur afin de trouver le secret de son succès, je découvrirais le moyen de concrétiser tous mes rêves.

Paulo avait enflammé ma curiosité et soulevé chez moi un intérêt des plus cartésiens, à tel point que je me demandais sans cesse si je n'avais pas raté une information dans son roman. Des vérités puissantes s'y cachaient-elles ? Et si je les mettais au jour... peut-être des miracles se produiraient-ils ?

D'ores et déjà, j'ai le plaisir de pouvoir vous dire qu'en étudiant le livre, j'ai en effet découvert son « secret ». Je l'ai appliqué et, à n'en pas douter, des événements extraordinaires se sont réalisés. Presque immédiatement, d'ailleurs. Les deux responsables qui entravaient ma progression ont été licenciés. (Ils ont vite retrouvé de très bonnes situations dans d'autres sociétés.) Puis, à ma grande surprise, j'ai été promu à un poste de direction. Émerveillé par cette soudaine bonne fortune, j'ai continué à mettre en œuvre ce que j'avais découvert dans *L'Alchimiste*. En l'espace d'un an, j'ai trouvé le courage de quitter ma vie d'employé pour lancer ma propre affaire, comme j'en rêvais. De façon incroyable, ma société est devenue la première agence indépendante de marketing numérique en Australie ! Enfin, sept ans après avoir lu *L'Alchimiste* pour la première fois et appliqué son secret, j'ai renoncé à ma carrière dans le marketing afin de consacrer mon temps à la diffusion de cette connaissance qui a changé ma vie.

Vous conviendrez, sans doute, que posséder une montre en or semble bien insignifiant en comparaison de mes succès professionnels et du nouvel objectif que je me suis assigné ! Encore plus important, je veux partager avec vous comment, en découvrant le secret de *L'Alchimiste*, nous pouvons véritablement nous réaliser et accomplir d'incroyables miracles.

Je vais vous expliquer comment une vie monotone peut se transformer en une existence passionnée, enthousiaste, joyeuse, épanouie et prospère.

J'ai fini par prendre la décision d'écrire cet ouvrage en 2017, tandis que je fouinais chez un bouquiniste avec mon petit-fils de quatre ans. Je l'aidais à choisir un livre quand j'ai ressenti le besoin de demander à la libraire si elle avait un exemplaire de *L'Alchimiste* en réserve. Bien entendu, je l'avais déjà à la maison.

« Quelle coïncidence ! m'a-t-elle répondu. On m'en a justement apporté un hier. Je vais vous le dénicher. » Elle s'est retournée pour fouiller sur une étagère dont elle a tiré le roman défraîchi qu'elle m'a tendu. J'ai souri en lisant l'inscription laissée par son ancien propriétaire sur la première page :

« Nous sommes tous des alchimistes, parce que nous essayons de trouver la formule de nos vies ! »

Depuis longtemps, j'avais arrêté de croire aux coïncidences et je savais déjà que j'avais découvert la plus puissante des formules imaginables grâce à *L'Alchimiste*. J'ai compris qu'il était temps que je la révèle au monde entier.

J'ai acheté cet exemplaire afin de marquer l'instant de ma décision. En payant la bouquiniste, j'ai vu que mon petit-fils avait choisi *Oh, the Places You'll Go*[1] du Dr Seuss. J'ai souri à ce nouveau présage.

Moins d'une semaine après, alors que j'étais dans l'avion pour Londres, j'ai aperçu une dame d'un certain âge qui lisait *L'Alchimiste*. Puis, deux jours plus tard, un passager dans le métro à Londres... et le lendemain, une jeune femme dans le hall de l'hôtel où je résidais. Coïncidences ? Non ! Bien sûr que non ! Souvenez-vous que *L'Alchimiste* était sorti vingt-cinq ans plus tôt, en anglais ; jamais, lors de mes pérégrinations, je n'avais vu quelqu'un le lire en public. Je n'avais pas besoin qu'on m'incite

1. Ouvrage à destination du jeune public consacré à l'estime de soi et aux choix de vie qui s'offrent à chacun de nous (NdT).

davantage, pourtant il s'agissait pour moi de nouveaux augures : l'Amour m'encourageait à divulguer le secret de *L'Alchimiste*.

Ce livre n'est pas une autobiographie. Je vais vous révéler comment j'ai découvert le secret de *L'Alchimiste* et comment, en suivant ses principes, vous allez pouvoir accomplir des miracles dans votre vie. Je n'ai aucun doute sur le fait que l'Amour m'a incité et aidé à écrire ce livre pour des raisons que vous ne tarderez pas à connaître. Mon principal objectif consiste à vous assister dans votre quête personnelle d'une existence où règne le pouvoir d'améliorer votre monde.

Dans le chapitre premier, je soulignerai ce que je crois être le véritable accomplissement et comment il apparaîtra dans votre vie. Puis, je révélerai le secret de *L'Alchimiste* et j'expliquerai comment il agit en tant que moteur pour un de changement positif. Au fil des chapitres, je vous dévoilerai les principes nécessaires pour découvrir le véritable accomplissement. Leur force réside dans leur union, mais inutile d'attendre la dernière révélation pour constater que votre nouveau pouvoir se développe ! En réalité, dès que vous commencerez le livre et si vous le voulez vraiment, vous noterez une amélioration. Une fois terminé, quand vous appliquerez chaque principe, vous serez capable de créer tout ce qu'il vous faut pour vivre une existence pleine de positivité, de compassion et de miracles. Une vie qui a un sens.

Comment le sais-je ? C'est la promesse que je vous fais : j'ai demandé à l'Amour de vous donner tout ce dont vous avez besoin afin que vos désirs se réalisent. Il vous faut simplement savoir ce que vous voulez.

Bienvenue dans *Le Secret de L'Alchimiste*.

CHAPITRE 1

LE VÉRITABLE ACCOMPLISSEMENT

Dans le véritable accomplissement né de la transformation réside ma passion – une passion dévorante – et la partager est ma mission. Je vais bientôt définir ce que j'entends par « véritable accomplissement » et par « transformation », et vous comprendrez pourquoi ce sujet m'obsède en découvrant son potentiel miraculeux qui s'exprime dans toutes les facettes de nos vies.

Pour m'aider à vous expliquer ce à quoi ressemble le véritable accomplissement, je souhaiterais vous raconter une histoire vraie. Il s'agit de l'une de mes préférées d'une part, parce qu'elle englobe toutes les manifestations du véritable accomplissement par la transformation et, d'autre part, car j'ai eu la chance d'être présent quand elle a atteint sa merveilleuse apothéose.

Histoire de Victoria

Dans une grande maison d'édition australienne, Victoria assistait Penny, une éditrice des plus exigeantes et malheureusement des moins reconnaissantes. Malgré la réussite professionnelle de Victoria, Penny semblait lui réserver les tâches les plus ingrates et les moins intéressantes. En outre, elle s'attribuait tout le mérite de son travail.

Comme vous l'imaginez, Victoria ressentait beaucoup de frustration. Elle souhaitait mener une nouvelle existence qui lui permettrait d'exercer son véritable talent, l'enthousiasmerait et l'épanouirait. Mais restait un léger problème à résoudre. Elle ignorait son véritable talent. Jusqu'alors, sa vie avait consisté à travailler à l'école, à l'université et au bureau, et à élever ses enfants auxquels elle avait consacré ses plus belles années. Elle en était immensément fière, ainsi que de leurs réalisations. Heureuse en mariage, elle avait de nombreux amis et un agenda social bien rempli. Mais son esprit créatif, à cette époque, l'interrogeait : « Et moi ? Quand pourrais-je avoir voix au chapitre ? »

Je me souviens qu'elle s'était également demandé : « Qu'est-ce que je dois découvrir qui me permettra de libérer ma créativité ? Je ressens ce besoin profond de m'exprimer, pour m'épanouir, mais je n'ai aucune idée de l'aspect qu'il pourrait revêtir. Peut-être dois-je aider les autres en apprenant les massages suédois ? Je n'en sais rien ! Tout ce que je sais, c'est que mon épanouissement personnel ne consiste pas à laisser Penny se valoriser à mes dépens ! »

Victoria avait entendu parler de ma rencontre avec *L'Alchimiste* et avait pu constater de visu combien ma vie s'était améliorée. Alors, elle a voulu connaître mon secret. Je lui ai expliqué ce que j'avais découvert et elle s'est mise à appliquer les principes que je mentionne dans cet ouvrage. Plus important, elle a demandé à l'Amour de lui révéler son talent.

Quelques mois après notre conversation, Penny a donné à Victoria une besogne fastidieuse : trier et cataloguer des caisses entières de diapositives sur lesquelles apparaissaient le travail d'artistes australiens. Au cours des années, ces trésors avaient été utilisés pour illustrer de nombreux beaux livres consacrés aux beaux-arts australiens, à la fois aborigènes et européens.

« J'ai cru mourir quand j'ai vu l'ampleur de la tâche, m'a-t-elle confié à ce moment-là. Les diapos ne sont pas rangées dans l'ordre. Certaines portent le nom de l'artiste ou du livre, mais la plupart sont vierges. » Ce qui signifiait qu'elle devait trouver dans quels ouvrages l'illustration avait été publiée, avant d'écrire le nom de l'artiste, le titre et la date. Ce travail s'est transformé en une corvée de trois mois qui s'ajoutait à son labeur quotidien d'assistante.

Victoria s'est plus tard souvenue de ce qu'elle avait ressenti : « J'étais déprimée rien qu'en pensant aux exigences démesurées de Penny et encore plus quand je songeais à ma propre incapacité à lui dire non. Car, évidemment, ça n'avait rien à voir avec la description de mon poste. »

Cette situation a rendu Victoria furieuse à plusieurs égards. Elle en voulait à Penny, luttait pour trouver sa voix et n'acceptait pas de se sentir persécutée.

Alors, un miracle s'est produit. Tandis qu'elle s'était mise à appliquer le secret de *L'Alchimiste*, tout en travaillant jour après jour à cataloguer les photographies, quelque chose en elle s'est enclenché qu'elle n'aurait jamais pu prévoir.

« Tandis que je trimais, diapo après diapo, m'a-t-elle confié, mon amour pour ces artistes et leur œuvre a grandi quotidiennement. Mon âme s'est nourrie de leur art et, dans la solitude de ma corvée, j'ai ressenti une connexion avec ces esprits talentueux. Mes yeux se sont ouverts sur un nouveau monde de créativité artistique et j'ai fini par comprendre ce que je désirais faire. Je voulais m'exprimer grâce à la peinture ! »

La besogne journalière s'est muée en passion. Elle se lançait maintenant dans sa tâche avec plaisir et enthousiasme. Ironie du sort, tandis qu'elle se plongeait dans les styles et les techniques de tous ces artistes, elle-même devenait une spécialiste de l'histoire de l'art australien.

Puis un autre événement s'est produit. Son mari a changé de poste et a doublé son salaire. Or, comme il avait vu l'amour de Victoria pour l'art s'épanouir, il l'a encouragée à travailler à temps partiel pour suivre des cours de peinture.

« Je n'ai pas compris ma réaction quand il m'a fait cette proposition, m'a-t-elle plus tard raconté. Au lieu de ressentir de l'enthousiasme, j'ai eu peur. Une peur nouvelle. Avais-je réellement du talent ? Et si j'étais mauvaise ? » Soudain, son angoisse de ne pas être à la hauteur a refait surface. En grandissant, ses parents et ses professeurs ne l'avaient pas incitée à cultiver ses capacités créatives. Si elle voulait s'épanouir, elle allait devoir rassembler tout son courage, croire en elle et prendre un risque. Alors, à la fin de sa mission, elle s'est résolue à démissionner et plonger dans l'inconnu. Elle allait peindre.

Quelques années plus tard, Victoria m'a invité à la réception accompagnant la remise des récompenses du Salon annuel des beaux-arts australiens. Des milliers d'artistes y présentent leurs œuvres dans l'espoir d'être consacrés portraitiste ou paysagiste de l'année. Un véritable événement, où seuls les meilleurs sont exposés. Victoria y participait pour la première fois. Elle avait été sélectionnée, mais m'avait fait jurer de garder le secret.

Pour les visiteurs, il s'agit de l'exposition la plus attendue d'Australie et l'annonce des vainqueurs fait les gros titres de la presse nationale. De nombreuses célébrités ainsi que des membres du gouvernement se pressent lors du vernissage télévisé. Quant à moi, j'étais invité parce que Victoria m'avait offert une toile en guise de remerciements. Elle me l'avait d'ailleurs empruntée pour l'événement en me promettant de me la rendre. L'enthousiasme et la fierté se lisaient sur mon visage quand je suis arrivé à la réception. Sur le tapis rouge, j'ai reconnu les plus célèbres artistes contemporains qui posaient devant les photographes.

Le paysage de Victoria faisait partie des vingt-trois toiles sélectionnées parmi des milliers de candidatures. Il serait exposé pendant six semaines dans une galerie. Certes, elle n'était pas la grande gagnante, mais Victoria, submergée par la joie, savait que son œuvre allait être admirée par des dizaines de milliers de personnes.

Elle s'était sentie frustrée et impuissante et, maintenant, son œuvre ornait les murs d'un musée national. Plusieurs fois, ce soir-là, j'ai partagé son bonheur en contemplant avec elle le travail des autres finalistes. Et c'est à cet instant, aussi incroyable que cela puisse paraître, que j'ai pu constater de visu le véritable accomplissement de Victoria. Au détour d'une salle, accompagnée d'un groupe de bienfaiteurs du musée, se dressait Penny, l'ancienne patronne de Victoria. Si je n'en avais été témoin, j'aurais eu dû mal à croire à la scène qui s'est produite.

Victoria et moi nous sommes immobilisés. Penny nous a alors remarqués, puis nous a interpellés. « Impossible ! Mais qui voilà ? L'incrédulité se lisait sur son visage. Colm, quelle agréable surprise ! Elle s'est ensuite tournée vers Victoria, l'air perplexe. Mais, Victoria, que fais-tu là ? » Penny savait que le vernissage était uniquement sur invitation.

D'évidence, elle ignorait que l'œuvre de Victoria était exposée. Une formidable occasion de plaisanter.

« Bonsoir, Penny, ai-je commencé. Essaie de deviner pourquoi Victoria et moi sommes invités.

— Voyons voir ! Penny, de bonne humeur, s'est pliée au jeu de bonne grâce. Colm, tu as assuré la promotion de l'exposition sur Internet ? m'a-t-elle interrogé.

— Pas mal, mais non, ai-je répliqué en souriant. Une nouvelle tentative ?

Penny appréciait notre petit échange, mais continuait d'ignorer Victoria. « Ton fils expose ? Il étudiait aux beaux-arts, si je ne m'abuse ?

— Presque ! C'est effectivement le cas, mais ce n'est pas la bonne réponse. Je te donne une dernière chance. » Je me suis alors tourné vers Victoria.

Penny a suivi mon regard et s'est mise à fixer Victoria. Je l'observais tandis qu'elle s'efforçait de dépasser tous les préjugés et a priori qu'elle avait entretenus au sujet de son assistante.

« Non... pas Victoria ! Quoi, tu exposes ici ? » Son cri a attiré plusieurs personnes qui se demandaient ce qui se passait.

Jamais je n'avais vu un tel sourire éclairer le visage de Victoria. Elle n'a rien répondu et s'est contentée d'examiner Penny qui s'adaptait à cette nouvelle perspective : son ancienne assistante, qu'elle avait si souvent maltraitée, était devenue une artiste accomplie et reconnue. Et cette réalité, Victoria l'avait créée grâce au secret de *L'Alchimiste*. Elle avait trouvé le courage de suivre son cœur. Et elle avait récolté les fruits de cette plongée dans l'inconnu.

Penny et son groupe se sont rassemblés devant la toile de Victoria en exprimant bruyamment leur appréciation. Je me suis reculé pour contempler Victoria qui jouissait de ce moment. Tout le monde a voulu prendre une photo en compagnie de cette nouvelle célébrité des arts.

Je vous livre un bref post-scriptum à cette histoire. Penny a déclaré à ses amis qu'elle devait une fière chandelle à Victoria quand elles travaillaient ensemble. « Elle m'a sauvé la vie dans la boîte, » leur a-t-elle confié. Ce sont ses mots exacts. Des remerciements tardifs qui s'apparentaient probablement à des excuses pour ne lui avoir jamais exprimé sa gratitude à l'époque des faits.

Je n'ai jamais récupéré la toile, car un collectionneur l'a achetée pour une belle somme lors de l'exposition, mais j'ai affiché une version assez semblable offerte par Victoria un peu plus tard. Son œuvre présentée dans le monde entier apporte désormais plaisir et inspiration à de nombreux amateurs d'art.

Je puise ma plus grande récompense dans le fait de savoir que la rancœur et l'impuissance que Victoria avait ressenties en travaillant pour Penny avaient disparu. Une transformation s'était produite. Elles se faisaient face – comme des égales – lors de ce moment mémorable. Victoria a remercié Penny de lui avoir donné pour mission de cataloguer les artistes, tâche qui lui avait révélé son propre désir de peindre. Penny lui a alors confié que, plus jeune, elle avait voulu jouer la comédie, mais n'avait jamais eu le courage de suivre son rêve, malgré un talent indéniable. Bien qu'elle n'ait pas réussi elle-même, elle avait eu cependant la joie de voir sa fille devenir actrice. L'édition, a-t-elle fini par admettre, n'avait jamais représenté le travail épanouissant dont elle avait rêvé.

Je peux témoigner de la réaction pleine de grâce et de compassion de Victoria face aux aveux de Penny. Elle l'a encouragée à redécouvrir sa passion du théâtre. Elle a inspiré Penny et lui a insufflé le pouvoir de se trouver elle-même.

*

Le véritable accomplissement est un état de bonheur complet. Il s'agit d'un principe d'unicité où l'âme, l'esprit et le corps sont pleinement intégrés et ne font qu'un avec l'Amour. C'est le lieu de l'authenticité et de la vérité, où les rêves et les objectifs se réalisent sans entraves. C'est une manifestation de l'Amour dans l'humanité ainsi que le moyen de générer l'amélioration. Le véritable accomplissement est disponible à discrétion pour quiconque souhaite le bien commun par-delà son désir égoïste. Si vous le convoitez vraiment, il vous appartiendra. C'est le trésor que vous déterrerez si vous suivez votre véritable destinée. La capacité de changer votre monde en mieux. *Le Secret de l'Alchimiste* vous révèle comment réaliser le véritable accomplissement, accessible à tous ceux qui le cherchent avec passion.

Pour aborder le véritable accomplissement, nous devons passer par un processus de transformation. Il ne s'agit pas de devenir un autre que celui que nous sommes vraiment. C'est un voyage intérieur vers notre âme véritable qui implique une catharsis interne visant à l'unicité plutôt qu'à une perfection inatteignable. Ce qui nécessite de valoriser nos fragilités et nos blessures, et de laisser l'Amour guérir et restaurer la puissance de notre individualité. Il nous faut regarder vers l'intérieur afin d'avancer vers le véritable accomplissement où nous pourrons répandre compassion, empathie et attention à nos proches. Le point de départ est ici et maintenant, mais le processus ne s'interrompt jamais, car la transformation devient une seconde nature. Elle est notre amie et nous l'embrassons sans crainte.

*

De prime abord, *L'Alchimiste*, une simple fable, raconte comment Santiago, le personnage principal, réalise son rêve. Au début du livre, il s'occupe uniquement de ses moutons, son gagne-pain. Toutefois, il ne semble guère s'épanouir dans ce travail et fait un songe dans lequel il découvre un trésor caché. Pour autant, il ignore de quoi il s'agit. Il sait seulement qu'il doit quitter ce monde qu'il connaît tant, où il se sent en sécurité, et s'aventurer en terre inconnue. En chemin, il rencontre plusieurs personnages qui lui donnent des conseils pour l'aider dans sa quête. Plus important, il manifeste le courage nécessaire pour surmonter ses peurs et affronte divers périls mortels. Il cherche en lui les ressources pour suivre son cœur et trouver les pyramides. Alors, il se rend compte que le trésor est en réalité caché dans la chapelle abandonnée où, pour la première fois, il avait fait son rêve. Il y retourne et déterre l'or.

Ce thème explicite, mais évocateur, effleure la surface de *L'Alchimiste*. On le survole également dans l'expérience de Victoria et de nombreux lecteurs s'en sont inspirés pour suivre leur rêve afin de découvrir de nouveaux talents et capacités. *L'Alchimiste* n'a pas le monopole de ce message. Des centaines – littéralement ! – d'ouvrages de développement personnel contemporains explorent le même filon.

Suivez vos rêves. Écoutez votre cœur. Affrontez vos peurs. Apprenez des autres. Restez fidèle à votre objectif. Croyez en vous. Faites de l'altruisme votre raison d'être. Et si vous réussissez, vous découvrirez vos véritables talents que vous emploierez pour vos proches et vous.

C'est une vérité universelle et le socle pour trouver le véritable accomplissement.

Je sais qu'il s'agit de la vérité et pourtant, elle n'explique pas pourquoi *L'Alchimiste* a touché le cœur de millions de lecteurs, tandis que des livres au message similaire, avec une chance de succès équivalente, n'ont pas connu le même sort.

Cette question a entretenu ma motivation et j'ai continué de creuser, afin de mettre au jour le secret toujours dissimulé au cœur de ce récit. J'ai hâte de vous révéler ce que j'ai découvert dans le prochain chapitre.

À méditer

Désirez-vous connaître le véritable accomplissement dans votre vie ? Avez-vous l'impression de vous retrouver piégé dans une impasse ? Souffrez-vous d'un sentiment de frustration, de désespoir ou d'impuissance ? Ils sont peut-être le résultat de choix mal informés ou d'événements survenus par le passé quand, trop jeune, vous n'aviez guère de prise sur votre environnement.

Quelle que soit la cause ou la conséquence, nous avons tous le droit de connaître notre accomplissement. Et vous aussi ! Mais le fait est que personne ne peut nous l'offrir sur un plateau. Nous devons l'arracher. Nous pouvons maîtriser notre vie et nos sentiments. C'est un choix possible... mais un choix qui génère un dilemme. La plupart d'entre nous le jugent trop difficile. Dans ce cas, rêver de trouver votre trésor deviendra un simple fantasme qui restera inaccessible. Très vite, on se sent submerger par la peur. L'angoisse monte facilement à l'idée d'un nouveau départ.

Cependant, je vous apporte une bonne nouvelle. En suivant le secret de *L'Alchimiste*, tel que je le révèle dans ce livre, vous emprunterez une voie tracée par une multitude avant vous. En lisant cet ouvrage, vous trouverez toutes les indications nécessaires pour transformer vos rêves en réalité et pour vivre une existence épanouie. Il vous suffit de le vouloir !

CHAPITRE 2

LE SECRET DE *L'ALCHIMISTE* RÉVÉLÉ

Dans l'introduction, j'ai rappelé comment, à la suite de ma rencontre avec Paulo Coelho, j'étais animé par le désir irrésistible de découvrir le secret que je pensais dissimulé dans *L'Alchimiste*. Je souhaitais jouir du pouvoir que Paulo m'avait promis. J'étais convaincu que la réponse résidait dans l'histoire qu'il avait écrite et je voulais y relever des indices afin de déterrer le trésor qui m'était offert.

Mais elle ne repose pas seulement dans la simple poursuite de nos rêves, me suis-je dit. Alors, je me suis mis à disséquer chaque personnage, chaque événement pour essayer d'y déceler le secret. Si vous avez lu *L'Alchimiste*, vous les reconnaîtrez.

J'ai étudié la signification de Melchisédec et de son pectoral en or massif incrusté de pierreries, du Marchand de Cristaux et de ses rêves inassouvis, de l'Anglais avec ses livres, de Fatima dans l'oasis, du chamelier et de sa sagesse populaire et des voleurs qui rouent Santiago de coups avant de lui révéler l'emplacement du trésor. Ils ont tous rempli mon imaginaire de visions chamarrées et je comprends le rôle qu'ils incarnent dans la quête de Santiago. Mais aucun d'eux ne me dévoilait ce que je cherchais : le puissant secret capable de changer la vie qui devait s'y dissimuler. J'allais devoir creuser plus profondément.

Peut-être, me suis-je alors dit, l'un des secrets résidait-il dans les ingrédients psychologiques qui émaillent le livre en lui donnant le caractère à la fois de la fable et du mythe. Paulo a sans doute écrit une épopée ou un conte moderne qui, en puisant dans l'inconscient collectif universel, résonne en nous tous. Son récit activait-il un symbolisme profondément enraciné par-delà notre conscience ? J'avais l'impression de m'approcher de la vérité. Il me fallait explorer cette veine.

D'abord, je me suis tourné vers l'œuvre fondatrice de Joseph Campbell, auteur et professeur spécialiste des religions et de mythologie comparée. Dans son ouvrage *Le Héros aux mille et un visages*, Campbell explique que ses recherches ont permis de mettre en évidence des sujets, intrigues et héros communs dans le monde entier. La mythologie amérindienne, par exemple, reflète parfois son pendant grec et des thèmes issus de récits indiens millénaires apparaissent dans les traditions sud-américaines.

L'une des découvertes les plus fascinantes de Campbell réside dans un schéma narratif répandu qu'il a baptisé « monomythe ». Également connu sous le nom du « voyage du héros », il consiste en plusieurs éléments : le héros accepte de quitter le monde ordinaire en répondant à l'appel de l'aventure. Un mentor intervient pour encourager le héros à traverser un seuil défendu qui s'ouvre vers un univers surnaturel où l'attendent tribulations et obstacles. Cette initiation culmine dans une épreuve mortelle que le protagoniste surmonte grâce à ses alliés. Il reçoit alors une récompense et revient dans le monde ordinaire. Sur le chemin du retour, il doit cependant affronter de nouveaux défis. Enfin, il pourra utiliser son trophée pour améliorer sa vie.

Campbell développe ces thèmes dans *The Inner Reaches of Outer Space*. Il écrit que, dans le Voyage du héros, une puissance primaire et inconsciente relie toute l'humanité, passée et présente, et nous connecte même au cosmos et aux forces vitales qui l'animent.

J'ai adopté la thèse de Campbell pour *L'Alchimiste*, car j'avais le sentiment que ce récit suivait à la fois les intrigues mythologiques classiques et les sujets classiques dans le Voyage du héros.

En effet, la trame principale de *L'Alchimiste* se révèle une simple chasse au trésor. Santiago, le berger, fait un rêve récurrent sous un sycomore qui pousse dans une chapelle abandonnée de la campagne andalouse. Au cours du songe, un enfant lui annonce que, s'il se rend au-delà des mers jusqu'en Égypte, il trouvera un trésor caché enterré au pied des pyramides.

En chemin, il rencontre mentors et voyageurs qui l'encouragent à poursuivre son rêve. Il finit par arriver et, au moment où il pense dénicher son trésor, il est attaqué par des voleurs qui le rouent de coups. Mais le chef des assaillants qui l'ont laissé pour mort a pitié de lui et lui raconte son propre rêve récurrent. Un songe étonnamment similaire qu'il a fait alors qu'il dormait à l'endroit exact où gît maintenant Santiago ensanglanté. Le rêve du chef des voleurs met en scène la découverte d'un trésor, dans les ruines d'une église andalouse où un berger et son troupeau se reposent. Toutefois, à l'inverse de Santiago, il n'a jamais poursuivi son rêve et n'a pas cherché le trésor enfoui au pied d'un sycomore. Santiago se rétablit, retourne à la chapelle et déterre une malle remplie de pièces d'or espagnoles.

Il me semble évident que *L'Alchimiste* répond parfaitement aux critères du Voyage du héros. J'ai également découvert que le récit qui puise dans les folklores indien, perse et arabe tire sans doute son origine dans une tradition orale encore plus ancienne. Il se rapproche en effet de l'une des histoires apparaissant dans *Les Mille et Une Nuits* – si l'intrigue et les personnages paraissent différents, le thème est identique et la morale, universelle.

Que cherche donc à nous enseigner cette fable ? Que nous possédons déjà en nous le trésor de la sagesse et son pouvoir d'améliorer notre existence, mais que nous devons entreprendre en conscience un voyage afin de le mettre au jour ? Oui, je crois qu'il s'agit exactement du message transmis par le livre. Le voyage est à la fois intérieur et extérieur. Intérieur, il implique d'écouter notre cœur et de distinguer ce qui est vrai de ce qui ne l'est pas. Extérieur, c'est une manifestation du voyage intérieur, vécu à travers nos pensées, mots, choix et actes. La leçon tirée du conte est facile à comprendre : notre plus grand trésor réside en nous et nous le découvrirons si nous sommes préparés à embarquer dans un voyage intérieur pour le trouver.

Le récit et sa morale parlent à quiconque s'est déjà lancé sur la voie du véritable accomplissement et j'ai cru à ce moment qu'il s'agissait de l'explication du succès mondial de *L'Alchimiste*. Malheureusement, non. Je me rapprochais, mais je n'avais pas encore touché le but. Je devais encore creuser.

Alors, je suis reparti du début. La quête de Santiago commence par un rêve. Se pourrait-il que le secret réside dans l'aspect onirique du conte ? Santiago raconte à une vieille gitane qu'il a rêvé à deux reprises d'un enfant qui lui apparaissait tandis qu'il gardait ses moutons. Le gosse joue avec les brebis, puis, tout d'un coup, le conduit jusqu'aux pyramides d'Égypte et lui explique qu'il y trouvera son trésor. Mais, les deux fois, au moment précis où l'enfant va lui révéler l'endroit exact, Santiago se réveille.

Il existe sans doute plus de livres écrits sur la signification des songes et leur place dans la psyché humaine que dans tous les autres domaines associés à la psychologie. Dans la mythologie grecque ou la théorie freudienne, les rêves transmettent des messages divins ou revêtent un sens symbolique issu de notre inconscient. Ils nous offrent des informations auxquelles nous devons prêter attention dans nos vies éveillées. En conséquence, quiconque sait les interpréter possède un don précieux. Pour la première fois depuis le début de mon étude, j'avais l'impression d'être tout près du secret. Peut-être s'inscrivait-il dans le rêve de Santiago ?

Le jeune homme pense que son rêve recèle un message, aussi consulte-t-il la Gitane. Le résultat mitigé ne le satisfait guère. En effet, elle interprète son rêve de façon littérale : il doit se rendre en Égypte et chercher le trésor. Il s'attendait sans aucun doute à une analyse plus approfondie. Il lui demande alors un éclaircissement et s'entend dire qu'il a déjà la réponse. « Tu dois aller jusqu'aux pyramides d'Égypte, lui répète-t-elle, et là-bas, tu trouveras un trésor qui fera de toi un homme riche[1]. » Lorsque j'ai lu ce

1. Toutes les citations sont tirées de *L'Alchimiste*, Paulo Coelho, J'ai Lu, traduit du portugais (Brésil) par Jean Orecchioni (NdT).

passage pour la première fois, je me rappelle avoir pensé que, si Sigmund Freud avait étudié le rêve de Santiago, il aurait relevé son désir inconscient de richesse. Pourtant, il ne s'agit pas simplement du récit narrant l'ascension sociale d'un homme parti de rien.

En revanche, je subodorais toujours qu'il y avait un message caché dans ce rêve, capable de bouleverser notre vie. Je l'ai parcouru à de nombreuses reprises avant d'obtenir, enfin, la confirmation de mon intuition.

Son sens apparaît tout au début de l'histoire. La moindre inattention me l'aurait fait manquer. L'enfant dans le rêve de Santiago est une fille[1]. Paulo ne la mentionne que très brièvement, mais selon moi, il s'agit de l'un des personnages les plus importants du récit. Si l'une des réponses au secret de *L'Alchimiste* se trouve dans la fille du rêve, alors j'avais touché le gros lot !

Les lecteurs érudits de William Shakespeare partageront sans doute mon enthousiasme en reconnaissant cette petite fille. Dans *Le Conte d'hiver*, Shakespeare évoque une bergère, une fillette, un rêve, un arbre et un surprenant trésor. Ce lien me fascinait, parce qu'il signifiait que j'étais peut-être tombé par accident sur un important thème mythologique.

Dans *Le Conte d'hiver*, Léonte, roi de Sicile, fait enfermer sa femme Hermione qu'il croit à tort infidèle. Elle accouche en prison. Léonte envoie alors Antigonus se saisir du bébé pour l'abandonner sur la côte bordant un désert. Hermione, morte, apparaît à Antigonus dans un rêve et lui demande de baptiser sa fille Perdita – celle qui est perdue, en italien (III, 3). Antigonus prend pitié de Perdita et s'occupe d'elle, mais il est pourchassé et dévoré par un ours. Par chance, un berger habitant à la lisière du désert s'approche en entendant les cris. Il trouve Perdita sous un arbre avec une bourse pleine d'or, laissée par Antigonus. Le berger adopte Perdita. Durant son adolescence, on découvre sa véritable identité. Elle épouse un prince avec lequel elle vivra heureuse.

1. Dans la version originale en portugais du Brésil, Paulo Coelho indique en effet, de façon subreptice : *« E quando ela foi me mostrar o local exato, eu acordei. »* « Et au moment où *elle* allait me montrer l'endroit exact, je me suis réveillé » (NdT).

J'ai repensé à la fille du rêve de Santiago et à l'appel qu'elle lui lance pour qu'il se mette en quête de son trésor. Le parallèle me semble évident : elle est bergère et il dort sous un arbre. En écoutant la fillette, le berger trouve l'or à cet endroit précis. J'y vois également un exemple de la théorie de Campbell sur les significations universelles de la mythologie. *Le Conte d'hiver* et *L'Alchimiste* résonnent en nous parce qu'ils symbolisent une vérité plus profonde. Alors, qu'elle est cette vérité et son secret caché ?

Dans l'histoire de Perdita, elle possède l'or qui rend riche le bienveillant berger qui la recueille, s'occupe d'elle et finit par découvrir son identité. Dans *L'Alchimiste,* Santiago écoute la fillette du rêve et trouve le trésor qui se situe à l'endroit exact où il a fait ce rêve.

Que signifient les similitudes entre les symboles qui apparaissent dans les deux récits ? Elles indiquent, selon moi, que nous ignorons à nos risques et périls notre voix féminine, cette voix qui sait où se cache notre trésor.

Carl Jung donne le nom d'anima à l'archétype féminin présent au sein de l'homme et celui d'animus à son équivalent masculin chez la femme. Si les notions d'anima, d'animus et d'archétypes vous intéressent, je vous invite à lire l'œuvre de Jung. Ici, je souhaite simplement me concentrer sur leur signification quant à l'inconscient de Santiago.

Avais-je découvert, au sein de la théorie des archétypes de Jung, le secret de *L'Alchimiste* ? L'archétype féminin présent dans l'imaginaire de l'homme et son pendant masculin dans la femme détiendrait-il la clé de notre véritable accomplissement ? En effet, *L'Alchimiste* évoque un garçon en quête de son trésor, dont le voyage commence lorsqu'il s'accorde avec sa partie féminine. Séduisante, elle lui donne de l'espoir et lui octroie ce rêve qu'il ne peut ignorer. Il pourrait la repousser, en pensant qu'il s'agit d'une perte de temps... mais si elle avait raison ? Et s'il y avait un trésor à déterrer ?

J'ai creusé plus loin. Est-ce vraiment le rôle de la fillette du songe ? Incarne-t-elle cette facette de l'esprit qui défie le pragmatisme masculin à la fois chez l'homme et la femme ? L'écoute de notre côté féminin pourrait-elle représenter le principe si puissant qui a fait du livre de Paulo un best-seller mondial ?

Mais, au plus profond de moi, j'avais l'impression lancinante qu'un élément m'échappait encore. Alors, que faire ? Devais-je repartir de zéro dans ma quête pour découvrir le secret de l'incroyable succès de *L'Alchimiste* ?

Je m'interrogeais sur la direction dans laquelle je devais infléchir mes recherches lorsque j'ai reçu un appel inattendu dans mon bureau de Sydney. L'identité de mon interlocuteur m'a abasourdi.

« Colm ? Bonjour, c'est Wayne Dyer. »

Le Dr Wayne Dyer ! L'un des auteurs vedettes de notre maison d'édition ainsi qu'un conférencier très réputé, spécialiste du développement personnel. Nous venions de publier son dernier livre, *La Vraie Magie*, un futur best-seller. Il m'appelait depuis son domicile aux États-Unis.

« Bonjour, Wayne, oui, c'est Colm à l'appareil. J'étais médusé. Je suis ravi de vous parler. Je peux vous aider ?

— Colm, j'ai entendu dire que vous étiez une sorte d'alchimiste. Il paraît que vous avez fait de la magie avec le livre de Paulo. »

Wayne devait être au courant du succès précoce de *L'Alchimiste* en Australie.

« Merci du compliment, lui ai-je répondu, mais il ne s'agit pas de magie. J'ai simplement pris la décision du nombre d'exemplaires à sortir et, d'ailleurs, il me semble bien que je l'aie sous-estimé.

— Eh bien, moi, j'appelle ça de la magie ! Wayne en est alors venu au fait. Assurez-vous de faire de même avec mon dernier bouquin. Je suis très connu en Australie et j'espère que vous opérerez la même magie avec mon livre. Par avance, je vous remercie. Bonne journée ! » Et il a raccroché.

J'étais flatté d'avoir parlé à un enseignant et un auteur aussi célèbre dans le domaine du développement personnel. Le défi qu'il m'avait lancé m'angoissait un peu. Et si je n'étais pas capable de répondre à ses attentes ? J'avais un exemplaire de *L'Alchimiste* sur mon bureau à cette époque et, quand j'ai reposé le combiné, j'ai regardé la couverture tout en réfléchissant à ce que Wayne venait de me dire. J'ai continué de l'observer pendant plusieurs minutes. Le titre semblait m'interpeller.

Et soudain, à cet instant, une vague d'exaltation m'a submergé. Enfin, j'avais compris l'ultime secret ! La raison pour laquelle l'ouvrage de Paulo Coelho avait eu autant de succès m'a paru tout à coup évidente. Elle était là, sous mes yeux, depuis le début et comme tous les secrets les mieux gardés, elle se trouvait en pleine lumière, exposée à la vue de tous.

Le secret ultime de *L'Alchimiste* réside dans le pouvoir de l'alchimie ! Comment pouvais-je ne pas l'avoir compris ?

L'Alchimiste n'est pas seulement la fable captivante d'un garçon qui suit ses rêves. Il s'agit davantage que d'une nouvelle version du Voyage du héros ou d'un traité nous recommandant d'entrer en contact avec notre côté féminin. En effet, il nous raconte comment chacun de nous peut puiser dans l'antique pouvoir de l'alchimie pour créer de la magie et changer sa vie !

Mon cerveau s'est emballé. Était-ce vraiment la raison du succès incroyable du livre de Paulo ? Nous explique-t-il que si nous désirons le véritable accomplissement, alors nous devons embrasser l'art de l'alchimie ?

Mais la question suivante s'avérait peut-être encore plus essentielle.

Paulo avait-il employé lui-même l'alchimie pour devenir un écrivain à succès ? *L'Alchimiste* avait-il été écrit en usant des principes alchimiques ?

Bref, en suivant la terminologie de Wayne Dyer, *L'Alchimiste* est-il un livre magique ?

Les réponses à ces interrogations ont fusé. Le livre apostrophe le lecteur pour des raisons énigmatiques, autres que celles que j'avais immédiatement identifiées. Au fil du temps et des générations, il est resté populaire. On se le recommande encore. Cet extraordinaire attrait serait-il fondé sur une influence mystique qui se situerait bien au-delà de l'histoire elle-même ? Ou peut-être au plus profond du récit ?

Mon cerveau logique et rationnel a tout de suite voulu étayer cette bizarre théorie de « l'alchimie magique ». Il me fallait donc creuser un peu afin de savoir comment Paulo Coelho avait écrit son livre.

Je me suis alors souvenu d'une anecdote qu'il m'avait racontée : il avait mis seulement deux semaines à écrire *L'Alchimiste* parce qu'« il était déjà écrit dans son esprit ».

Peut-être Paulo avait-il employé les principes de l'alchimie pour puiser son inspiration dans son inconscient ? Une réflexion convaincante, mais qui n'apportait pas la preuve de l'origine « magique » de l'histoire.

J'ai alors considéré le fait que l'ouvrage n'avait pas été un succès immédiat, avant de devenir un véritable phénomène littéraire. À l'origine, une petite maison d'édition brésilienne l'avait prudemment publié en portugais en 1988 et tiré à 900 exemplaires. Je me suis ensuite rappelé que Paulo m'avait appris qu'il avait passé quarante jours dans le désert des Mojaves, au sud de Las Vegas, avec sa femme. Il ne m'avait pas narré son expérience, à l'exception d'un unique souvenir qu'il avait bien voulu partager : il « partait » seul dans le désert tours les jours.

Que se produisait-il dans le désert ? En y réfléchissant, j'avais maintenant une conviction, étayée par ses commentaires lors du dîner. Il avait sans aucun doute employé des techniques issues de l'alchimie afin de faire naître cet ouvrage qu'il désirait si ardemment.

Je me suis également remémoré que Paulo, une fois revenu de la solitude du désert, était convaincu qu'il avait écrit un grand livre. Il l'avait alors proposé à une célèbre maison d'édition brésilienne qui, selon Paulo, « pour des raisons que l'éditeur ne parvenait pas à s'expliquer », s'était sentie obligée de le publier de nouveau en portugais. Cette fois, « par miracle », avait continué Paulo, le livre s'était écoulé à un demi-million d'exemplaires. Un véritable best-seller ! Je me disais désormais que la chance n'avait rien à voir avec ce miracle. Paulo l'avait rendu possible en usant de forces surnaturelles !

Ce qui s'est ensuite produit témoigne également d'une nouvelle prouesse éditoriale. Une fois proposés à l'achat, les droits mondiaux ont été arrachés par HarperCollins, un éditeur américain majeur. Peu après, le premier manuscrit en anglais a atterri sur mon bureau en Australie. Comme vous le savez déjà, j'ai immédiatement été convaincu qu'il s'agissait d'un chef-d'œuvre. Ce qui s'est révélé exact. Est-ce une simple coïncidence ou bien étais-je la bonne personne, au bon endroit et au bon moment, capable d'attirer l'attention de mes collègues du monde entier ?

Alors, je me suis souvenu du *Pèlerin de Compostelle*, le récit de Paulo publié juste avant *L'Alchimiste*, fiction relatant ses expériences « magiques » sur le chemin de Compostelle. Il y met en scène son intronisation en tant que maître de l'ordre de RAM, une invention allégorique au service de sa narration.

En relisant *Le Pèlerin de Compostelle*, j'ai compris que la plupart des événements étaient purement fictionnels, mais que le livre dissimulait une symbolique bien plus importante. Derrière les images, je soupçonnais désormais qu'il cachait son utilisation du pouvoir de l'alchimie. En outre, il existait un lien entre *Le Pèlerin* et *L'Alchimiste*, le nom de Santiago[1]. Il ne s'agissait pas d'une coïncidence.

Enfin, ma réflexion sur mon expérience avec Paulo lors du dîner à Sydney a fini de sceller ma théorie. Paulo m'avait précisément rapporté qu'il en avait appelé à l'univers me concernant afin de me permettre d'accomplir ma volonté. Il m'est alors apparu que je ne m'étais jamais demandé ce qu'il avait réellement fait lors de cette journée entière qu'il m'avait consacrée. Qu'avait-il tramé pour rendre tout cela possible ? J'ai fini par me rendre compte que la réponse, comme tant d'autres, résidait dans *L'Alchimiste*.

J'étais convaincu. *L'Alchimiste* énonce les instructions de Paulo sur l'utilisation des principes de l'alchimie et il a employé son savoir pour produire un miracle qui m'était destiné. Le pouvoir de l'alchimie est le secret de *L'Alchimiste*.

Le choix du titre n'est pas une allégorie. Comment pouvais-je ne pas l'avoir compris dès le moment où j'avais reçu le manuscrit ? L'histoire raconte la rencontre de Santiago avec l'Alchimiste qui l'aide à devenir lui-même... alchimiste. En réalité, *L'Alchimiste*

1. En espagnol, on parle de Santiago de Compostela pour Saint-Jacques-de-Compostelle (NdT).

est un guide nous permettant de réaliser des miracles grâce au pouvoir de l'alchimie.

« Merci, Wayne Dyer ! » me suis-je écrié. J'avais fini par comprendre. La magie existe et il suffit de puiser dans *L'Alchimiste* pour la produire.

Voilà donc la vérité de *L'Alchimiste*, enfin révélée au grand jour : chacun de nous peut devenir l'alchimiste de sa propre vie en suivant les principes de l'alchimie. J'ai alors appréhendé l'extraordinaire popularité de cette histoire. Créée par l'alchimie, sa qualité miraculeuse a séduit des millions de lecteurs dans le monde entier. *L'Alchimiste* a influencé tant de vies, parce qu'il contient vraiment les formules dont nous avons besoin pour les transformer et améliorer notre environnement. Et ceci, même si nous ne le réalisons pas en lisant le récit. C'est le secret ultime qui nous permettra de trouver notre trésor, notre destin, notre véritable accomplissement.

Voilà, je crois, le cadeau que m'a offert Paulo : j'avais découvert la faculté de créer des miracles grâce à la compréhension de l'alchimie et j'allais partager cette connaissance avec tous ceux qui voudraient détenir le même pouvoir sur leur vie.

À méditer

Peut-être aviez-vous déjà deviné que le secret ultime réside dans la transformation issue de l'alchimie antique, et c'est la raison pour laquelle vous lisez ce livre. Si c'est le cas, j'espère ne pas vous décevoir quand j'évoquerai les principes puissants que j'ai développés sur le sujet et que je révélerai dans les prochains chapitres.

En revanche, si l'idée d'explorer l'alchimie – qui peut vous paraître étrange et désuète – vous conduit à vous demander si vous ne perdez pas votre temps, sachez que je comprends votre sentiment. J'ai eu la même réaction initiale. Je souhaite toutefois avoir suffisamment piqué votre curiosité pour que vous ayez envie de continuer votre lecture.

Si vous vous reconnaissez dans l'une de ces descriptions, je peux vous garantir un extraordinaire bénéfice. La compréhension nouvelle que vous aurez du processus de transmutation alchimique, tel que je l'explique dans *Le Secret de l'Alchimiste*, vous profitera à vous et à votre entourage, votre vie durant.

En outre, tandis que vous méditerez sur les éléments que j'ai découverts, je réitère la promesse que je vous ai faite. L'Amour vous guidera et vous offrira tout ce dont vous avez besoin pour transformer votre existence et vous accompagner sur un chemin où vous observerez des miracles se réaliser.

CHAPITRE 3

ALCHIMIE – UNE BRÈVE INTRODUCTION

Bienvenue dans le monde de l'alchimie.

Quand j'ai découvert que *L'Alchimiste* parlait d'alchimie, je ne connaissais rien de ses principes, de son passé ou même de ses personnages clés. Et pourtant, j'ai enseigné l'histoire au lycée ! Mon savoir se limitait alors à ce que j'avais lu dans *L'Alchimiste* qui n'en donne qu'un bref aperçu. Ce qui explique pourquoi j'ai décidé de plonger dans les recherches en partant de zéro. Et j'ai trouvé bien davantage qu'une sorte de croyance ésotérique dédiée à la transmutation du plomb en or. Ce que j'ai découvert a changé le cours de mon existence pour toujours.

Dans ce chapitre, je voudrais apporter un éclairage, mais également le contexte de notre compréhension de l'alchimie, ainsi que mes intuitions sur la manière dont ce savoir m'a aidé à mettre au jour ce précieux secret : comment aujourd'hui façonner le véritable accomplissement.

L'alchimie a une longue histoire remplie de malentendus et de calomnies. Le lobby anti-alchimie a si bien réussi au cours des siècles que, pour moi, il s'agissait d'une forme occulte de sorcellerie que je croyais vaguement prohibée. Dans le meilleur des cas, je considérais l'alchimiste comme un personnage quasi mythologique, issu d'un lointain passé. Le stéréotype d'un homme, à moitié fou, obsédé par sa passion cupide pour l'or.

Si je vous suggère dans ma bibliographie quelques ouvrages intéressants sur ce sujet ésotérique, je ne souhaite pas transformer ce livre en une histoire de l'alchimie. Cependant, en tant que cadre du thème principal que je développe, il me semble pertinent d'introduire l'idée que l'alchimie a constitué une influence majeure. Elle a modelé la culture et la pensée antiques et, à certains égards, continue de nos jours à peser sur notre façon de voir le monde. J'irais même plus loin. Selon moi, les alchimistes possédaient une sagesse inconnue de la plupart de leurs contemporains, laquelle a toutefois permis à l'humanité de progresser.

Tandis que je me lançais dans mon étude informelle des alchimistes, j'ai d'abord voulu savoir qui étaient ses disciples, d'où ils venaient et pourquoi ils pensaient pouvoir transformer le plomb en or. Leur origine mythique remonte à l'Égypte antique, voici des milliers d'années, puis leur influence s'est étendue dans les empires romain et grec, avant de disparaître à la Renaissance – victime de l'âge de la science et de la raison, mais aussi de la fin du rêve de la transmutation du plomb en or. Et malheureusement, la précieuse sagesse qui se trouvait au cœur de l'alchimie s'est évanouie avec elle.

Peut-être les alchimistes ont-ils précipité sa chute en laissant tomber un lourd voile de secret sur leurs croyances, en dissimulant délibérément leurs découvertes derrière des codes et des symboles indéchiffrables et finalement en perdant leur crédibilité au profit de charlatans et d'escrocs qui se paraient de leurs atours tout en corrompant leurs travaux.

Grâce aux romans contemporains et notamment à la littérature issue du courant *fantasy*, je savais que les alchimistes œuvraient dans leur laboratoire secret à créer la pierre philosophale. Un seul éclat de cette pierre mythique, capable de transformer le plomb en or, pouvait rendre l'alchimiste riche comme Crésus. Mais alors que je continuais mes lectures sur le sujet, j'ai compris que l'alchimie portait un symbolisme bien plus profond. À ma grande surprise, j'ai trouvé derrière le voile des mystères et des représentations ésotériques un manuel pour vivre le véritable accomplissement. La personne que nous devons remercier pour nous avoir aidés à révéler la sagesse cachée des anciens alchimistes n'est autre que Carl Jung.

Il semble en effet que Jung a déterré, sous le symbolisme hermétique des alchimistes, une corrélation directe avec sa propre théorie psychanalytique et, notamment, le développement de sa psychologie de l'inconscient[1]. Il a trouvé cette relation si pertinente qu'il a dédié les trente dernières années de sa vie à étudier et pratiquer l'art de l'alchimie.

Quant à moi, j'ai eu la révélation en découvrant son intérêt pour l'alchimie. Je connaissais suffisamment sa psychologie analytique pour voir comment les deux éléments s'associaient. Aussi me paraît-il avisé, pour une bonne intelligence du véritable accomplissement, de comprendre comment Jung a relié le domaine de l'alchimie à celui de la psychologie de l'inconscient.

Jung énonce que nos pensées et notre comportement sont déterminés à deux niveaux de l'esprit, le conscient et l'inconscient. Par définition, nous avons conscience de notre esprit conscient ; nos pensées y existent, d'un instant à l'autre. Dans notre esprit inconscient, des processus automatiques nous guident tout au long de la vie, par le biais de l'instinct, des souvenirs refoulés et des motivations sous-jacentes dont nous n'avons pas nécessairement conscience[2].

Dans sa théorie de l'inconscient, Jung partage l'avis de Sigmund Freud, père de la psychanalyse, au sujet de l'enracinement de notre personnalité dans notre inconscient, en grande partie à notre insu. Par exemple, si nous sommes de nature plutôt joviale, cette caractéristique provient de notre inconscient. Nous sommes la plupart du temps heureux et, même dans les circonstances les plus sombres, nous sommes capables de voir le bon côté des choses. À l'autre extrême, la mélancolie nous étouffe, sans raison objective de nous sentir malheureux. Ces deux personnalités jaillissent de l'inconscient, sans effort ni délibéré ni conscient de notre part.

1. Voire *Psychologie et Alchimie* dans le volume 12 de ses œuvres complètes publiées en anglais.

2. Voir *Structure et Dynamique de la psyché.*

Jung va un peu plus loin en suggérant qu'il existe un niveau encore plus profond que l'inconscient où grouillent un certain nombre de processus de pensée inconscients : les archétypes, constitués d'expériences, d'images ou de personnages. Ils vivent dans notre inconscient, simplement parce que nous sommes humains.

Dans sa théorie des archétypes, il se réfère à des images et à des thèmes intégrés appartenant à notre espèce entière et passés de génération en génération au cours de notre évolution. Ces images possèdent une signification universelle et créent une structure symbolique grâce à laquelle nous comprenons le monde et notre place en son sein. Jung explique en outre que nous pouvons découvrir ces archétypes d'abord dans les récits, l'art, la religion ou les rêves. En résumé, il énonce que les comportements et leurs représentations se fondent sur des schémas prédéfinis ou un ordre déjà programmé dans notre cerveau. Le Voyage du héros, que nous avons survolé dans le chapitre précédent, en est un exemple éclairant.

Par exemple, une personne qui vient d'agir de façon héroïque pour sauver une vie dira souvent : « Je ne suis pas un héros, j'ai fait ce que je devais faire. Je n'y ai même pas pensé. » Il s'agit de la manifestation archétypale du héros.

Lorsque les personnages d'un film affrontent le diable qui tente de les corrompre, la figure du démon est un archétype. Ni le héros qui vole au secours d'autrui ni l'auteur ayant écrit l'histoire du démon n'ont nécessairement conscience de ce qu'ils ont exprimé : mais nous en reconnaissons tous la manifestation et pouvons nous y identifier.

J'aime penser l'archétype comme la tête d'un monarque gravée sur une pièce de monnaie qui nous rappelle qui est le véritable patron. Nous sommes les sujets d'un ensemble de principes qui règnent sur nous, imprimés de façon indélébile dans notre nature, et à qui nous devons une allégeance aveugle. En d'autres termes, l'archétype est la monnaie d'échange de nos inconscients que nous troquons entre nous en tant qu'espèce.

Jung postule également qu'ils ne représentent pas un phénomène psychique uniquement humain, mais qu'ils forment aussi un pont entre l'esprit et la matière. Citoyens d'une ère hypertechnologique, cette assertion pourrait nous sembler tirée par les cheveux. Mais je souhaite explorer cette théorie, parce que je pense sincèrement qu'elle détient une autre clé de l'alchimie.

Si l'on suit Jung, nous sommes connectés de façon tangible à tout ce qui existe, visible et invisible, du simple fait que nous existons. Et l'alchimie représente la clé qui révèle cette connexion.

En outre, Jung écrit dans le volume 5 de ses œuvres complètes publiées en anglais, *Symboles de la transformation*, que les alchimistes croyaient qu'ils devaient en leur for intérieur devenir le changement qu'ils désiraient opérer. Ils appelaient la transformation du plomb en or « transmutation », le reflet du processus intérieur de transformation.

Jung en conclut que cette unicité, qu'il nomme « l'individuation », est le résultat final du processus de transformation. Il s'agit du travail hermétique auquel s'employaient les anciens alchimistes. Il aura fallu attendre Jung pour que nous puissions décrire ce qu'ils faisaient en des termes modernes et compréhensibles. Réussir à intégrer notre conscient et notre inconscient pave le chemin du véritable accomplissement. Je consacre une grande partie de ce livre à mon expérience pour tenter de suivre cette voie.

Ceux qui parviennent à ce degré d'individuation tel que défini par Jung apportent des changements positifs. Ils entretiennent une vision réaliste de la vie et d'eux-mêmes et font notamment preuve d'autodérision. Ils manifestent leur intégrité sans perdre leur faculté à s'émerveiller face au monde. Ils ont gardé des yeux d'enfant. Ils aiment passionnément et se montrent capables de pardon et d'Amour inconditionnel.

J'ai compris qu'il s'agissait de l'élément essentiel du processus alchimique de transformation et la raison pour laquelle les alchimistes y consacraient leur existence. Si, comme le croyait Jung, nous sommes connectés au cosmos à la fois physiquement et psychologiquement, alors la personne qui cherche le véritable accomplissement peut influencer le cours de sa vie et son environnement. Voici le pouvoir de l'alchimie. Transformer le banal en or !

*

Au début de *L'Alchimiste*, Santiago est une jeune âme qui se cherche encore. Toutefois, il a déjà progressé vers l'autodétermination, dans une démarche assez semblable à l'individuation jungienne.

Nous apprenons qu'il a refusé d'entrer dans les ordres, ainsi que le souhaitaient ses parents. Il a reçu une bonne éducation et possède un esprit curieux ; les deux ingrédients clés qui, selon lui, lui permettront d'avancer dans la vie. Comme il aime voyager, il est devenu berger, afin de pouvoir découvrir le monde. L'auteur installe un décor qui l'autorisera à développer son analogie avec l'alchimie.

Si le récit suit le processus alchimique tel que Jung le comprenait (et je pense que c'est le cas), alors certaines des idées que j'expose dans ce chapitre devraient apparaître dans l'intrigue. Je vais illustrer comment ces principes sont effectivement imbriqués dans chaque niveau du secret que j'ai découvert dans *L'Alchimiste* et comment nous pourrons en tirer parti.

En résumé, au début de l'histoire, Santiago, perturbé par son rêve récurrent, craint de ne pas assez profiter de la vie. Il écoute alors la fillette de son rêve qui lui suggère de s'approcher d'une personne qui pourrait lui apporter une réponse.

Comme nous l'avons vu, songes et états oniriques servent de point de passage entre le conscient et l'inconscient ; les rêves assurent la jonction entre l'inconscient et ce que *L'Alchimiste* nomme l'« Âme du monde » ou, en termes jungiens, l'inconscient collectif.

Dans l'alchimie, il s'avère aussi essentiel de faire attention aux images, aux personnages et aux événements qui interviennent dans nos rêves inconscients qu'à nos aspirations et ambitions conscientes. Jung l'a d'ailleurs évoqué en formulant sa théorie de la psychologie analytique.

Avec ce cadre présent à notre esprit, retournons au début du récit de Santiago. Il veut connaître la signification de son rêve. Il va alors voir la Gitane, ayant entendu dire qu'elle savait interpréter les songes. Elle lui explique que pour trouver le trésor, il doit suivre littéralement son rêve, se rendre en Égypte et explorer les pyramides. Selon moi, cet indice montre que *L'Alchimiste* traite bien du cheminement le long du processus alchimique. La métaphore présente dans le songe de Santiago indique simplement que s'il souhaite découvrir son trésor, il doit se lancer sur la voie de l'alchimie, originaire d'Égypte, où, bien entendu, se dressent encore les pyramides. Une fois que nous comprenons qu'il s'agit d'un fait établi dans le récit, le message provenant du rêve devient limpide. Notre trésor peut être déterré en suivant le processus alchimique.

Nous savons que l'objectif des alchimistes consistait à susciter le bien-être matériel et spirituel au plus haut degré. Le songe de Santiago l'illustre par l'image du trésor. Sur son chemin, nous en sommes les témoins, Santiago expérimente diverses transformations de son âme jusqu'à atteindre le véritable accomplissement et à dévoiler son trésor enfoui. Comme nous le verrons, il s'agit des deux parties inséparables de l'alchimie.

D'abord, Santiago n'a aucune envie d'aller en Égypte pour y trouver un trésor hypothétique. Il se résout même à ne plus jamais croire en ses rêves. Dans ce passage, le lecteur ignore la raison pour laquelle Santiago refuse de suivre le processus de transformation. Préférerait-il – comme nous tous ! – éviter le rude labeur qui en résulterait ? Ou bien pense-t-il qu'il existe un moyen plus facile de devenir riche sans avoir à quitter la sécurité de ce qu'il connaît ? Quoi qu'il en soit, Santiago réagit d'abord en négligeant le message.

Il ne s'agit pas d'une coïncidence, si le trésor s'avère en réalité enterré dans une église abandonnée. Un sycomore pousse dans les ruines, à travers le toit effondré. C'est une description d'une grande justesse. En effet, la plupart d'entre nous accordent peu de valeur à leurs rêves et, partant, à leur inconscient. Comme si nous avions renoncé à notre âme. Comme si nous ne respections plus la voix intérieure de notre cœur et préférions emplir nos vies de vaines distractions capables, certes, de nous divertir, mais pas de nous faire avancer. Bilan : un sentiment de frustration et l'impression que l'existence n'a plus aucun sens.

Et pourtant nos âmes abritent nos rêves et les racines de nos vrais désirs bien qu'ils soient, la plupart du temps, si profondément enfouis que nous n'en avons même plus conscience. Ressemblons-nous à Santiago ? Le sentiment de passer à côté de nos vies nous trouble-t-il ? Serait-ce la raison pour laquelle nous aimons tellement l'histoire de *L'Alchimiste* et que nous voulons tant découvrir son secret ?

C'est énoncer un truisme que de rappeler que toute transformation vers l'accomplissement véritable doit commencer par la conscience de soi et par une détermination viscérale et personnelle à changer. Sinon, nous risquons de vivre nos existences comme à travers un brouillard, en ignorant comment elles se dérouleront. Nous laissons nos journées au hasard et chacune d'elle débute par un lancer de dés, sur lequel nous n'avons aucune prise. Bref, nous sommes le jouet des circonstances.

Pire, nous pouvons croire que notre vie est dictée par une sorte de fatalité. Puisque nous n'avons aucune influence sur son cours, pourquoi essayer de la changer ? Ici, nous nous considérons comme victime du destin.

L'Alchimiste aborde très clairement le sujet. Nous n'avons aucune maîtrise sur le fil de nos existences – nous sommes les jouets du destin. Cette notion s'avère sans doute la croyance la plus nuisible et la plus destructrice que nous puissions entretenir. Si cette hypothèse se révélait exacte, il s'agirait de la plaisanterie la plus cruelle qui soit : une déité qui aurait le contrôle total sur l'avenir d'un individu, dotée du pouvoir de dispenser le bien et le mal à volonté, le priverait également de la possibilité d'un véritable accomplissement. Malheureusement, cette définition de la destinée prévaut encore dans de multiples traditions, fois, superstitions et folklores.

Le récit de *L'Alchimiste* évoque quant à lui un autre point de vue : nous créons notre propre destinée. Nous ne sommes pas les passagers passifs du bateau de la vie, ballottés de-ci de-là au gré d'un vent capricieux, privés de toute influence sur notre destination. Nous pouvons tenir la barre du navire et aller où nous le souhaitons. Nous pouvons devenir le maître de notre destin, capitaine de notre âme ! La conclusion ne sera pas forcément celle que nous escomptions, mais au moins, elle résultera de nos choix et de nos prévisions.

À méditer

Comment savoir que l'on suit sa vraie destinée ?

Vous savez que vous vous trouvez sur le bon chemin quand vous décidez en toute conscience de poursuivre vos rêves et que votre vie regorge d'enthousiasme et de sens. Vous restez capable d'émerveillement, d'admiration. Vous entrevoyez la potentialité des événements qui parsèment votre vie quotidienne. Vous décelez un objectif et un dessein emplis d'Amour dans votre existence et vous êtes libres de choisir la direction de votre voyage. « Suivez votre félicité », comme l'écrit Joseph Campbell, et votre vie débordera de magie et d'abondance.

« Plus facile à dire qu'à faire ! » Je vous entends prononcer cette phrase et vous avez raison. Ce n'est pas si simple ! Sinon, tout le monde le ferait... et manifestement, ce n'est pas le cas. Mais si vous désirez vraiment rejoindre ceux qui ont découvert ce chemin de vie – plus escarpé, certes, mais aussi plus gratifiant – alors il n'est jamais trop tard pour s'engager dans la transformation. Je peux vous garantir qu'il ne s'agira pas d'une promenade de santé. Mais je vous assure également, d'après ma propre expérience, mon labeur acharné, que mener une existence pleine de joie passe par cette voie ! En effet, en nous engageant sur cette piste, nous trouverons la force et la puissance de triompher des obstacles intérieurs et extérieurs qui tentent de nous priver de cette vie joyeuse.

Permettez-moi d'être clair à ce sujet : le processus alchimique de transformation n'interviendra que si vous vous résolvez à prendre les commandes de vos choix et à écouter votre cœur. Si vous suivez cette option, alors votre trésor vous attend. En outre, le pouvoir de l'Amour vous accompagnera dès que vous emprunterez cette voie. Et cet Amour englobe ce que vous êtes et ce que vous deviendrez. Tandis que j'écris ce livre, j'ai demandé à l'Amour de vous donner tout ce dont vous avez besoin pour trouver la plus grande joie dans votre vie et le pouvoir d'améliorer votre monde... si vous le désirez sincèrement !

CHAPITRE 4

MELCHISÉDEC ENTRE EN SCÈNE

Lorsque j'ai relu *L'Alchimiste*, avec une meilleure connaissance de l'alchimie et notamment de son véritable objectif, j'étais enfin convaincu que ce conte promettait bien davantage que le simple récit d'un garçon à la poursuite de ses rêves ; il contient en effet certaines des vérités alchimiques les plus profondes concernant notre capacité à influencer – voire à modifier ou à améliorer – notre vie et notre environnement. Très tôt dans l'histoire, j'ai découvert un personnage mystérieux et influent, Melchisédec. J'ai compris qu'il représentait l'étape suivante du processus de la transformation alchimique nous permettant de trouver notre véritable Soi.

Nous appréhenderons mieux le rôle joué par ce personnage en évoquant brièvement son passé mythologique et alchimique.

On retrouverait les origines de l'alchimie, voici cinq mille ans en Égypte, dans les récits relatifs à Thot. Ce dieu puissant sert, entre autres, d'intermédiaire entre le monde de l'esprit et celui de la matière. Les Anciens estimaient que l'alchimie était un don des dieux. Elle a d'abord été pratiquée là où se dressent encore les grandes pyramides. Les alchimistes révéraient Thot en tant que créateur de la transformation de la nature et de l'homme et croyaient qu'il avait consigné son enseignement sur la « Table d'émeraude[1] ».

1. Vous trouverez davantage d'informations sur la Table d'émeraude un peu plus loin dans cet ouvrage, mais aussi dans le livre de Geraldine Pinch sur la mythologie égyptienne.

La plupart des alchimistes considèrent Thot comme le père de l'alchimie et pensent qu'il apparaît de temps en temps au cours de notre histoire, aux moments les plus cruciaux. En outre, selon eux, Thot inscrit dans le cœur et l'esprit humains ses objectifs, quels qu'ils soient, par exemple, devenir riche, être en bonne santé, s'intéresser au bien-être dans la société ou vivre en communion pacifique avec l'univers.

Comment cette tradition antique a-t-elle intégré le monde judéo-chrétien ? Les alchimistes européens estimaient que Moïse – qui a libéré les Hébreux de la captivité en Égypte et les a guidés en Terre promise – connaissait les récits égyptiens et donc la légende de Thot. Il existe tant de parallèles et de similitudes entre les premiers mythes égyptiens et la tradition juive écrite par Moïse, notamment quand il s'agit de la Création, qu'il n'est pas surprenant que Thot – cette fois sous le nom de Melchisédec – apparaisse dans l'histoire d'Abraham[1].

Nous trouvons ainsi dans l'Ancien Testament :

« Melchisédec, roi de Salem, apporta du pain et du vin : il était prêtre du Dieu suprême. Il le bénit en disant : "Béni soit Abram de par le Dieu suprême, auteur des cieux et de la terre ! Et béni le Dieu suprême d'avoir livré tes ennemis en ta main !" Et Abram lui donna la dîme de tout le butin[2]. »

(Genèse 14 :18-20)

L'implication est claire. L'alchimie n'existe pas seulement dans la tradition égyptienne, mais également dans la tradition juive et, par transitivité, dans la tradition chrétienne. Melchisédec, comme Thot, vient de tous les temps et de partout ; il révèle les secrets ; il peut nous ouvrir les yeux et, plus important, il est l'intermédiaire

1. À ce sujet, voir *The Chemical Choir*, P. G. Maxwell-Stuart, excellente somme consacrée à l'histoire de l'alchimie.

2. Les citations de l'Ancien Testament sont tirées de La Bible, traduite du texte original par les membres du rabbinat français sous la direction de Zadoc Khan, Colbo, 1989. (NdT)

entre le Dieu de la Bible et l'humain. Et, en tant que telle, son œuvre sacerdotale se poursuit dans le judaïsme qui le voit devenir « prêtre du Dieu suprême ».

*

De même, Melchisédec apparaît dans *L'Alchimiste*. Nous le retrouvons dans un endroit public et fréquenté, au moment même où Santiago choisit d'ignorer son rêve. Il préfère en effet planifier un séjour dans un bourg où il espère revoir une fille rencontrée l'année précédente durant ses voyages. À quelques jours de marche de sa destination, il se repose sur la place d'un village pour parcourir un ouvrage qu'il vient d'acheter. Soudain, un vieillard nommé Melchisédec apparaît de nulle part et, sans se présenter, engage la conversation avec lui.

Intéressons-nous aux premières questions de Melchisédec et aux réactions de Santiago. Alors que le jeune homme ne lève pas les yeux de son livre, Melchisédec lui montre des villageois et lui demande ce qu'ils font. Puis, il a soif. Il veut du vin. Ensuite, il interroge Santiago sur sa lecture. Le berger n'a qu'une envie, partir, mais, par respect pour cette personne âgée, il lui répond. Il donne le livre à Melchisédec, dans l'espoir – déçu – que le vieillard ne sachant pas lire se sente humilié et s'en aille.

Melchisédec choisit ce moment pour révéler son identité. Il vient de « bien des endroits », mais il est né à Salem, une ville du Moyen-Orient dont il est le roi. Il s'appelle Melchisédec et se proclame « Guerrier de la lumière ».

Il s'agit évidemment d'une référence au personnage biblique de Melchisédec, tel qu'il apparaît dans le texte sacré juif.

Melchisédec connaît le livre lu par Santiago. Il connaît également son rêve et lui propose de lui expliquer comment trouver le trésor en échange d'un dixième de son troupeau. Il se met alors à tracer des symboles dans le sable. Soudain se produit un événement surnaturel.

Le manteau de Melchisédec s'entrouvre. Une lumière aveuglante, provenant de sa poitrine, éblouit Santiago pendant quelques instants. Lorsqu'il voit de nouveau, il lit distinctement ce que Melchisédec avait écrit sur le sol : les noms des parents de Santiago, ainsi que des secrets qu'il n'avait jamais racontés.

Un peu plus tard, nous découvrons que la lueur perçante émane d'une étrange source. En effet, à l'instar des prêtres juifs de l'Ancien Testament, Melchisédec revêt un pectoral incrusté de pierreries :

« Et Aaron portera sur son cœur, lorsqu'il entrera dans le sanctuaire, les noms des enfants d'Israël, inscrit sur le pectoral du jugement : commémoration perpétuelle devant le Seigneur. » (Exode 28 : 29.)

Les exégètes de la Bible s'accordent à penser que le pectoral en question représente le salut du peuple d'Israël par le Dieu d'Israël et sa délivrance des mains de ses ennemis. Le grand prêtre le porte lorsqu'il entre en présence du tout-puissant dans le Saint des saints, le sanctuaire intérieur du Tabernacle. Le grand prêtre y pénètre une fois par an, lors de Yom Kippour, le jour des propitiations, revêtu du pectoral afin de rappeler au Dieu d'Israël qu'il avait sauvé le peuple d'Israël. Il s'agit du jour le plus sacré du calendrier hébraïque et le moment où le Dieu d'Israël et son peuple se réconcilient à travers le sacrifice d'un agneau dont le sang est apporté au sanctuaire par le grand prêtre.

On a beaucoup glosé sur le Melchisédec de la Bible, à la fois pour son rôle dans l'enseignement chrétien et pour ses origines dans la mythologie égyptienne. Dans l'Épître aux Hébreux, Jésus devient même « grand prêtre pour l'éternité à la manière de Melkisédeq. » (Hébreux 6 : 20.)[1]

Prenons un peu de recul afin de bien intégrer les implications induites par *L'Alchimiste*. Je pense qu'il s'agit de l'illustration évidente que l'antique tradition alchimique égyptienne irrigue les Écritures saintes juives et chrétiennes. Et si les vérités alchimiques s'entremêlaient aux croyances qui se situent à la base de ces deux religions ?

1. Les citations du Nouveau Testament sont tirées de *La Bible, Traduction Œcuménique*, TOB, 1989, Les Éditions du Cerf (NdT).

L'Alchimiste, selon moi, suggère que Santiago approfondit sa foi chrétienne et expérimente sincèrement l'Amour lors de cette rencontre avec Melchisédec. Il s'agit de l'une des intuitions les plus importantes pour trouver son trésor ainsi qu'une interprétation fondamentale pour quiconque souhaite se transformer et créer de l'or véritable.

L'instant où Santiago est ébloui se révèle également un moment crucial de son histoire. L'effet de cet aveuglement temporaire, provoqué par l'éclat du pectoral de Melchisédec, va amorcer un changement dans sa vie. À cet instant précis, Santiago acquiert un niveau de conscience plus élevé.

Le berger voit le monde avec de nouveaux yeux. Il se rend compte de l'existence d'un pouvoir à l'œuvre bien plus vaste que le sien, une force mystérieuse qui sait tout de lui, même ses secrets les plus intimes. Melchisédec lui dévoile son identité et annonce à Santiago l'objectif de sa vie et l'aide bienveillante que lui apportera « l'Âme de l'Univers » pour lui permettre de le réaliser.

Melchisédec explique ensuite au jeune homme, qui veut connaître la raison de ces soudaines révélations, qu'il doit s'efforcer de découvrir son destin. Désormais, il sait qu'il s'agit de sa responsabilité, voire de son obligation, de chercher le véritable accomplissement et de mener une existence épanouie. Tout de suite après, le vieillard lui expose ce qu'il doit faire. Santiago pèse le pour et le contre, et choisit de suivre son destin.

Il embarque pour l'Égypte et ses pyramides, où des connaissances alchimiques lui seront dévoilées. À la fin de son voyage, il trouvera l'or.

L'Alchimiste montre que, sans l'éveil de l'âme et sans prendre conscience de l'Amour, il ne paraît guère possible de progresser dans la quête de son trésor. Lors de ce bref moment, fenêtre entrouverte sur l'éternité, le temps se fige. Santiago devient aveugle et entre dans une nouvelle relation avec l'Amour. Pour lui, l'Amour n'est plus un concept distant, éloigné ou lointain. Le berger prend conscience que l'Amour vit en lui.

Quand Melchisédec vient à nous, il nous surprend, généralement, au moment où nous nous y attendons le moins et sous une forme d'abord méconnaissable. Si nous entretenions le moindre doute à ce sujet, nous trouvons la confirmation du rôle de Melchisédec, agent de l'Amour sous l'apparence d'un homme, dans l'histoire de Santiago.

*

J'avais dix-huit ans quand Melchisédec s'est assis à côté de moi. Il se prénommait Robert.

Robert vivait dans la chambre voisine de la mienne au cœur de la résidence universitaire sur le campus de la fac où j'étudiais en 1970. Plus âgé que les autres, il ne faisait pas partie de notre groupe. L'époque était à la contre-culture, durant ce raz-de-marée hippie. Pour nous, sa façon de s'habiller, sa coupe de cheveux et même ses centres d'intérêt paraissaient démodés et n'avaient rien de cool. Malgré notre proximité, Robert restait une énigme. Nous nous saluions quand nous nous croisions, mais, les deux premiers mois de l'année, nous n'avons jamais réellement bavardé. Bref, il s'agissait d'une expérience assez semblable à celle de Santiago. Ni lui ni moi n'avions envie, à ce point précis de notre vie, d'engager la conversation avec un inconnu.

Un soir, Robert et moi nous sommes retrouvés seuls dans la cuisine commune de notre bâtiment. Il m'a souri, m'a demandé comment j'allais. J'étais en train de me faire un casse-croûte et allais me contenter d'une réponse évasive lorsque j'ai senti, au ton de sa voix, qu'il y avait davantage qu'une curiosité polie.

Je me souviens d'avoir levé la tête et plongé les yeux dans les siens. Robert semblait sincèrement intéressé. D'instinct, j'ai eu envie d'évacuer la question en parlant de cours et de dissertations. Mais, pour quelque raison, je ne l'ai pas fait. En une fraction de seconde, j'ai décidé de lui répondre en toute bonne foi.

« Pour être honnête, Robert, ça ne va pas fort. En fait, même, j'ai rarement connu pire. » J'ai alors senti qu'il le savait déjà, d'où son interrogation. J'ignorais ce qu'il allait bien pouvoir répliquer.

Il m'a tendu un petit fascicule imprimé. « Je me suis dit que ça pourrait t'intéresser. Ce livre m'a vraiment aidé quand j'ai traversé une crise semblable. On en reparlera dans la semaine, si tu veux, une fois que tu auras eu le temps de le lire. Je pourrai répondre à tes questions.

— Merci, Robert. Je ne savais comment réagir à une proposition si simple et directe et contemplais la brochure.

— Je t'en prie ! a-t-il dit en souriant de nouveau. On se revoit bientôt, alors ?

— Oui, d'accord. »

J'étais perplexe. Il m'a souhaité une bonne soirée, a tourné les talons et il est sorti sans prononcer un mot de plus.

Je regardais toujours le fascicule quand j'ai pris conscience qu'un autre étudiant pouvait entrer dans la cuisine et me tenir la jambe toute la nuit. Alors, avec mon sandwich à la main, je suis retourné dans ma chambre. J'ai fermé la porte – à clé, pour ne pas être dérangé. Quand j'ai réalisé qu'il s'agissait d'un tract religieux, j'ai failli, par cynisme, le rejeter d'emblée. Voilà donc ce que Robert avait voulu me vendre. Il cherchait à me convertir à sa religion. Je n'étais pas intéressé.

À cette époque, j'estimais que la religion avait provoqué davantage de problèmes sur la planète qu'elle n'en avait résolu.

En parcourant le fascicule, je n'ai pas été surpris d'y voir les revendications classiques d'un quelconque groupe chrétien au sujet du sacrifice du Christ pour apaiser un Dieu vindicatif. Le concept même d'un Dieu qui avait besoin de punir le monde qu'il avait créé me semblait moyenâgeux et j'allais jeter la brochure à la poubelle, quand une parole de Jésus que je ne connaissais pas a attiré mon regard :

« [...] Moi, je suis venu pour que les hommes aient la vie et qu'ils l'aient en abondance. » (Jean 10 : 10.)

Je dois avouer que ces mots, comme jaillis de la page, entraient en résonance avec les ruminations que j'entretenais depuis des mois.

J'étais malheureux. Ma vie me semblait vide. Ces derniers temps, je m'étais rendu compte de mon égoïsme. Sans même me confier à quelqu'un, je comprenais que mon comportement égocentrique et indifférent m'avait conduit à adopter une attitude toxique avec ceux que j'aimais le plus. En outre, j'avais le sentiment de ne plus maîtriser ma vie et l'impression d'être mené à la baguette par des besoins psychologiques qui restaient insatisfaits, malgré mes efforts pour assouvir leurs exigences. Je désespérais de me libérer du pouvoir qu'ils exerçaient sur moi. En réalité, je cherchais une façon de trouver le véritable accomplissement et de reprendre le contrôle de ma vie. Toutefois, d'une manière assez abstraite, je comprenais les effets des hormones sur un adolescent et tentais de ne pas trop me fustiger au sujet des émotions puissantes qui m'assaillaient. Rien de plus normal à cet âge.

Mais le cours de biologie où j'apprenais les effets des hormones sur l'adolescent moyen que j'étais n'a pas offert de solution à ma crise existentielle. Je souhaitais une vie intérieure plus développée qui se manifesterait dans une vie extérieure plus épanouie : « Je suis venu pour que les hommes aient la vie et qu'ils l'aient en abondance. » Ce message arrivait à point nommé et j'ai coupé court au cynisme que j'entretenais à propos de la religion. J'avais l'impression qu'il s'agissait d'un don. Un don qui attendait que je l'accepte.

Robert a frappé à ma porte exactement une semaine plus tard, comme promis. Je l'ai invité à entrer et lui ai proposé un siège.

« Comment ça va ? a-t-il commencé.

— J'ai connu mieux, merci. » Je lui ai alors expliqué que sa brochure avait soulevé plus de questions qu'elle ne m'avait apporté de réponses concernant ma situation psychologique, mais que le verset sur l'abondance de la vie avait touché une corde sensible.

Robert m'a confié qu'il s'était ouvert et avait découvert l'Amour. Cette révélation avait déclenché un processus de renouveau psychologique qui l'avait conduit à ressentir une paix profonde et à éprouver le sentiment qu'il savait où il allait.

Je l'écoutais et sentais mon scepticisme – qui d'habitude se dressait devant tout ce qu'il ne pouvait identifier comme logique ou scientifique – finir par reculer. J'avais en face de moi un être humain qui me connaissait à peine et pourtant comprenait ma détresse et manifestait sa vulnérabilité. J'avais le sentiment qu'il saisissait pleinement mes peurs les plus profondes et mon désir d'une vie plus heureuse.

Personne ne m'avait jamais parlé ainsi auparavant et en ce moment de vérité émotionnelle et d'intimité, ce qu'il me disait a tout de suite pris du sens. Mais curieusement, si j'entendais la voix de Robert, j'étais perdu dans mes propres pensées. Soudain, une question m'a propulsé hors de cet état de quasi-transe.

« Y a-t-il, m'a-t-il demandé, une raison qui pourrait t'empêcher d'ouvrir immédiatement ta vie à l'Amour ? »

Je me souviens d'avoir répondu par la négative. Puis il a répété la même citation de Jésus :

« Je suis venu pour que les hommes aient la vie et qu'ils l'aient en abondance. »

Soudain, du plus profond de moi-même, une vérité a jailli de ma bouche : « Je veux cette vie ! »

Robert a alors cité un autre verset : « Voici, je me tiens à la porte et je frappe. Si quelqu'un entend ma voix et ouvre la porte, j'entrerai chez lui et je prendrai la cène avec lui et lui avec moi. » (Apocalypse 3 : 20.)

Je me rappelle avoir prononcé d'une voix, qui je le comprends désormais, appartenait au passé, une prière que Robert et moi avons répétée. J'y invitais l'Amour à transformer ma vie avec l'abondance que je désirais. Je ne me souviens pas des mots exacts, mais je n'oublierai jamais ce qui s'est produit ensuite.

Comme Santiago, une lumière aveuglante a figé le temps et l'Amour a jailli en flamboyant du plus profond de mon être. Ce que je vivais était bien réel ; autant que tout ce que j'avais vécu avant ou depuis. Pendant ce moment de transfiguration, l'Amour était plus réel que la vie. Je me suis mis à pleurer sans pouvoir m'arrêter. Les larmes venaient d'un endroit très lointain, où pour la première fois, j'avais le sentiment d'être désiré et accepté pour ce que j'étais.

Je ne sais combien de temps a passé avant que Robert me demande comment j'allais. Je lui ai répondu par un vaste sourire qui sous-entendait : « Je ne me suis jamais senti aussi bien ! »

Ce que j'ignorais à cet instant, c'est qu'il s'agissait de mon premier pas sur le chemin de la transformation.

Toutefois, à l'instar de Santiago, l'alchimie m'était à l'époque totalement étrangère ; et je devrais attendre vingt-trois ans avant d'être en mesure d'expliquer ce qui m'était arrivé.

Cependant, je me suis accroché à ce que je savais être la vérité à ce moment-là : j'avais rencontré l'Amour et il était inconditionnel. Un Amour qui savait tout de moi et qui m'aimait pourtant, encore plus que je ne m'aimais moi. Je comprenais également que ma vie et mes relations allaient changer dès à présent. Et par-dessus tout, je voulais que chacun puisse vivre l'Amour que j'avais trouvé.

À méditer

Cherchez-vous le véritable accomplissement ? Si vous répondez « oui », alors vous devez savoir que ce désir vient de l'Amour. Comme vos aspirations à mener une vie meilleure qui en sont également issues. Tout ce dont vous avez besoin pour déterrer votre trésor se trouve à portée de main. La première étape consiste simplement à demander de l'aide et à comprendre que la recevoir n'implique aucune condition, aucune contrainte : « Eh bien, moi je vous dis : Demandez, on vous donnera ; cherchez, vous trouverez ; frappez, on vous ouvrira. En effet, quiconque demande reçoit, qui cherche trouve, et à qui frappe on ouvrira. » (Luc 11 : 9-10.)

Aucune rencontre avec l'Amour ne ressemble à une autre et vous seul saurez si vous l'avez vécue. Aucun système religieux, aucune tradition spirituelle ne détient de droit exclusif sur l'Amour. Il s'agira de votre expérience, à votre façon et à votre moment, sans aucune pression ou coercition venue de l'Amour.

Le véritable accomplissement signifie que personne ne peut dicter ce qui vous arrivera. C'est une expérience unique, grâce à laquelle vous saurez que vous êtes aimé d'un Amour inconditionnel, pour vous-même, sans rien attendre en retour. L'Amour n'est pas exclusif et tout le monde peut en profiter librement. Lorsque vous rencontrerez l'Amour, une étincelle s'allumera dans votre cœur et cette étincelle de lumière enclenchera le processus de création de votre pierre philosophale.

La compréhension intellectuelle de la psychologie, de la biologie ou de la physique ne peut se substituer au pouvoir de l'Amour. C'est l'Amour qui transforme parce que l'Amour est le sens de la vie.

Vous possédez cet Amour en vous et autour de vous, et vous pouvez maîtriser son pouvoir pour améliorer votre existence.

En vérité, la question la plus importante que vous devez vous poser en cet instant n'est pas : « Ai-je fait mien l'Amour ? »

La question la plus importante est : « Ai-je permis à l'Amour de me faire sien ? »

Si votre réponse est « non », je vous recommande de le faire dès à présent.

L'Amour ne vous laissera jamais tomber.

Je réitère ma promesse : j'ai demandé à l'Amour de vous donner tout ce dont vous avez besoin pour devenir l'alchimiste de votre monde, si vous le voulez véritablement !

CHAPITRE 5

SIGNES ET SYNCHRONICITÉ

Le processus de transformation tel qu'il est suivi par les alchimistes dépend en grande partie de ce qu'il est convenu d'appeler les signes. En effet, puisque tout est relié, il devient possible de recevoir et de lire des messages provenant du cosmos afin de nous aider dans notre transmutation et notre prise de décision. Les alchimistes pensent également que les éléments de l'univers participent de leur choix de transformer et de créer l'or. Si tout est connecté, alors nous verrons des signes, des présages, confirmant nos choix et notre direction quand nous nous trouverons sur le vrai chemin du processus de transformation.

Toutes les cultures antiques, occidentales et orientales, incorporent les prédictions dans leurs traditions populaires, pour la bonne raison qu'elles s'avèrent extrêmement communes et, ajouterais-je, très significatives. On passe de simples superstitions concernant la chance ou la malchance à des horoscopes plutôt complexes. Quelque part dans cet assortiment de croyances se trouve le phénomène des coïncidences, l'une des formes d'augures les plus connues.

Carl Jung, notamment, remarque combien des coïncidences banales se produisent lors des psychanalyses de ses patients. Il baptise ce phénomène « synchronicité » et écrira un livre à ce sujet.

Dans cet ouvrage, il raconte une histoire qui me semble s'appliquer à *L'Alchimiste* de façon assez pertinente. L'une de ses patientes emploie son intelligence hors du commun pour refouler ses sentiments inconscients et résiste donc aux efforts du psychologue. Elle finit cependant par lui parler d'un songe dans lequel elle reçoit un bijou en or en forme de scarabée. Dans l'Égypte antique, on portait souvent ce genre d'amulettes, censées porter bonheur. Au cours de la séance, Jung entend soudain un tapotement. Il se retourne et remarque un gros insecte qui se cogne à la fenêtre du cabinet. Il l'entrouvre, capture le coléoptère et le montre à la femme : « Le voilà, votre scarabée ! » Elle abandonne alors toute résistance et il parvient à l'aider.

Dans sa réflexion sur la synchronicité, Jung ne cherche pas un signifiant à chaque événement fortuit. Mais, parfois, expose-t-il, ce phénomène se produit à un moment qui porte du sens pour l'observateur, sans qu'il y ait pour autant une logique à sa survenue. En outre, il énonce que de telles occurrences surviennent plus fréquemment lorsque le patient s'est lancé dans un processus de transformation et permettent de l'accélérer.

Sir David Spiegelhalter, statisticien britannique dont les travaux ont grandement influencé la recherche médicale, apporte un éclairage captivant à la synchronicité. Fasciné par les coïncidences, il cherche des modèles pouvant être expliqués de façon statistique sur son site Internet[1].

Jusqu'à présent, il n'en a pas découvert. Mais, selon lui, l'intérêt se situe dans la signification que de telles récurrences ont pour ceux qui les vivent – et pour des raisons qui n'ont rien à voir avec les lois de la probabilité.

Peut-être cette réflexion correspond-elle à l'idée que Jung se faisait de la synchronicité : la preuve de l'existence d'une force bienveillante à l'œuvre dans le cosmos ayant pour but le bien de l'humanité. Dans *Synchronicité*, Jung conclut que la science ne peut guère nous aider à y trouver une explication, au contraire de l'alchimie, grâce à sa compréhension de l'unicité universelle.

1. www.statslab.cam.ac.uk/Dept/People/Spiegelhalter/davids.html

Les alchimistes affirmaient que poursuivre sa transformation intérieure avec pour objectif de transmuter des objets banals en or était le vrai sens de la vie. Ils clamaient également que, en conséquence, toutes les choses participeraient à cette œuvre et que l'apparition de signes le confirmerait. En outre, cette assistance nous sera visible à chaque étape de notre transformation alchimique. Le miracle tient à ce que nous remarquons ces présages et que leur signification nous encourage et nous soutient.

*

Comment Santiago saura-t-il qu'il suit le vrai chemin de son trésor ? Melchisédec lui annonce qu'il sera dirigé par les signes. Santiago n'a plus qu'à les lire. Mais avant qu'il s'embarque pour son voyage, Melchisédec lui donne deux pierres qu'il retire du centre du pectoral, Ourim et Toumim, liées à l'histoire des grands prêtres de l'Ancien Testament qui les y avaient incrustées.

Quand il devra prendre une décision ou savoir quelle direction emprunter, Santiago pourra compter sur Ourim, la noire qui signifie « Oui » et Toumim, la blanche qui veut dire « Non ». Elles symbolisent l'engagement de Santiago à trouver son trésor. Lorsqu'il est pleinement impliqué, l'Amour l'accompagne, le guide et le conduit à travers chaque moment de sa vie.

Toutefois, dès que Melchisédec lui offre les pierres, il suggère qu'il existe un meilleur moyen de connaître son véritable chemin dans le désert. Plutôt que de les utiliser, il lui recommande d'écouter son cœur, son intuition.

Santiago comprend un peu plus tard, grâce à l'Anglais, un autre alchimiste en devenir, que le langage universel de l'Amour s'écrit dans la chance et les coïncidences. Afin de l'illustrer de façon pratique, quand Santiago rencontre l'Anglais, il découvre pour la première fois l'existence de l'alchimie et des alchimistes. Santiago se rend alors compte qu'il est doté d'une intuition naturelle que sa mère appelait des « pressentiments ». Cette intuition lui permet de plonger son âme dans le « courant universel de vie » où les voyages de chacun sont reliés et où il peut savoir tout ce qu'il voudrait connaître. Il lui donne un nom, « Mektoub », ce qui signifie, en arabe, « ce qui est écrit ».

Les présages, chance ou coïncidence, apparaissent à Santiago de diverses manières au cours de l'histoire. Son ami achète ses moutons et il décide de partir immédiatement en Égypte. Ourim et Toumim tombent de sa bourse percée et l'empêchent d'abandonner sa quête. Les clients se mettent à fréquenter en nombre la boutique du Marchand de Cristaux lorsqu'il y travaille. L'Anglais voit les pierres de Santiago et lui explique qu'elles sont le signe que leurs itinéraires sont connectés.

Ces coïncidences encouragent Santiago à penser qu'il a choisi le juste chemin pour trouver son trésor, en dépit des péripéties qui l'émaillent, tantôt éprouvantes, tantôt douloureuses, et affectent son voyage. À certains moments, tout semble se liguer contre lui et il risque même sa vie. Mais les synchronicités jungiennes parsèment le récit et, comme Santiago se déplace dans la bonne direction, nous observons l'Amour lui apporter son aide. Il découvre ce que la religion nomme « grâce ». Selon Jung, elle se manifeste par des expériences à la fois négatives et positives.

Depuis que je me suis engagé sur la voie de la transformation, j'ai connu un certain nombre de ces expériences inspirantes, au point où suivre les signes et reconnaître la chance sont devenus chez moi une seconde nature. Je pourrais remplir un livre d'anecdotes où l'Amour m'a soutenu et guidé grâce à ses présages, dès lors que j'ai ouvert les yeux pour les voir. En guise d'illustration, en voici un exemple très récent.

Mon fils travaillait au lancement d'un service de streaming de films qu'il avait créé et lui cherchait un nom. J'ai offert de l'aider et nous avons remué nos méninges pendant des semaines pour trouver un nom mémorable et inédit. Nous n'y arrivions pas et nous avons commencé à douter. D'ailleurs, mes suggestions devenaient si ridicules qu'il a fini par m'interdire de lui en souffler. Mais je n'abandonne pas si facilement et j'ai décidé de passer par le processus alchimique pour savoir si l'Amour avait une proposition.

Après des jours de recherches, j'ai senti qu'une direction claire se dévoilait : les premiers modèles de projecteurs cinématographiques. J'ai trouvé une liste et recommandé à mon fils un nom qui, selon moi, conviendrait. Sa première réaction m'a semblé positive et il m'a dit qu'il allait enquêter sur son origine.

Le même jour, à ma vive stupéfaction, il m'a rappelé, enthousiaste. Le nom qu'il avait choisi correspondait au premier projecteur cinématographique employé pour des spectacles de cinématographe en Amérique du Nord et au Canada, et breveté par Thomas Edison en 1874. Un excellent pedigree et un nom en parfaite adéquation avec sa société !

Mais il me réservait une autre surprise étonnante. Les droits de distribution originaux du projecteur pour le Canada avaient en effet été achetés par des parents éloignés de nos ancêtres irlandais ayant émigré au Canada durant la Grande Famine. Nous étions donc historiquement reliés et connectés au nom que j'avais sélectionné en utilisant le processus alchimique et sans avoir aucune connaissance de ce côté de notre famille ! En revanche, j'y voyais un signe, tel que décrit par Jung, et l'indice évident que mon fils devait le choisir.

Mon cas n'aurait pas choqué Jung. Il aurait déclaré qu'il s'agissait d'un nouvel exemple de ces coïncidences significatives qui l'avaient mené à exposer sa théorie de la synchronicité. Un principe universel est en œuvre ici, mais il ne s'applique pas uniquement à ce qui pourrait apparaître comme des expériences positives. Il touche également des histoires négatives.

Un de mes proches parents est malheureusement mort alors que je me lançais dans l'écriture du *Secret de L'Alchimiste*. Or il avait mentionné dans son testament son souhait que je prononce son éloge. Quand sa famille m'a demandé de l'aider à planifier l'enterrement, nous avons eu beaucoup de mal à trouver une date. La majorité d'entre nous, et j'en faisais partie, avait déjà des engagements extrêmement importants. Avant d'aller plus loin, je dois ajouter que je comprends évidemment que le chagrin et le deuil déclenchent des comportements imprévisibles ; des émotions, parfois disproportionnées, peuvent prendre le pas sur la logique et la raison.

C'est dans ce contexte, après que la famille a fini par décider d'une date appropriée et que nous nous sommes réunis pour nous réconforter les uns les autres, que le problème a surgi. Un parent éloigné, que je voyais rarement, m'a blâmé pour avoir provoqué ce chaos familial en ne me rendant pas disponible au jour prévu initialement. Et ceci, bien que nous soyons tous convenus très vite d'un autre moment.

Lorsque j'ai délicatement tenté de désamorcer sa colère, qui, je ne l'ignorais pas, prenait racine dans sa souffrance, il m'a accusé de « savoir m'y prendre avec les mots » et il est parti en claquant la porte. Plus tard, il est revenu et s'est excusé pour son esclandre. Depuis, nous nous sommes réconciliés. Toutefois, il ne s'est pas rendu compte qu'à son insu, son reproche – le fait que j'ai le sens de la formule – avait eu l'effet inverse de celui qu'il avait escompté.

À ce moment-là, j'étais en effet engagé dans une lutte intérieure : avais-je le talent littéraire suffisant pour captiver mes lecteurs ? J'ai reçu sa scène comme le présage dont j'avais besoin pour continuer à écrire ce livre. Je lui suis reconnaissant pour avoir exprimé sincèrement ses sentiments, même à travers la colère. Bref, tous les signes n'apparaissent pas immédiatement sous une forme positive, mais ils nous orientent sur le bon chemin.

À méditer

Avez-vous remarqué des coïncidences étonnantes ou de nouveaux signes depuis que vous avez ouvert ce livre ? Si vous souhaitez transformer votre vie vers le véritable accomplissement, alors l'Amour commencera à vous assister en vous rappelant sans cesse que vous êtes sur la bonne voie.

Vous trouverez peut-être utile de garder une note de chaque présage, afin de vous en souvenir un peu plus tard, si un contexte moins positif vous conduit à chercher un encouragement. Maintenant que vous observez les signes qui se manifestent, vous avez l'occasion de demander à votre cœur ce qui signifie un augure particulier.

Par exemple, prévoyez-vous de déménager ou de voyager dans un but précis dont vous pensez qu'il vous aidera dans votre transformation ? Selon ma propre expérience, il s'agit d'une situation classique dans laquelle les présages apparaîtront pour vous guider, si vous ouvrez les yeux.

Je me dois d'ajouter un petit avertissement. Vous devrez en effet abandonner les superstitions dont vous avez hérité et qui vous accompagnent. Les signes n'ont rien à voir avec ce genre de croyances. Ils n'ont aucun lien avec les charmes, les sortilèges ou les malédictions. Il ne s'agit ni d'un chat noir qui traverse devant vous et vous porte malheur... ni de lancer du sel par-dessus votre épaule si vous le renversez.

La superstition appartient à la catégorie de ces grands mensonges qui instillent un sentiment d'impuissance. Elle se perpétue par l'éducation, l'environnement culturel et l'habitude. Rejetez-la dès que vous vous surprenez à y succomber. Remplacez-la par votre propre détermination à suivre la voie de l'Amour.

L'Amour s'efforce de communiquer avec vous à la moindre occasion et vous pouvez lui répondre en vous engageant dans la transformation et en prenant conscience des présages.

Apprendre à voir et à comprendre les signes vous permettra d'entrer dans une dimension inédite de votre vie. Bienvenue dans ce nouvel univers : le monde de l'alchimie. Rappelez-vous également que j'ai demandé à l'Amour de vous donner tout ce dont vous avez besoin pour devenir l'alchimiste de votre monde – et les augures vous guideront.

CHAPITRE 6

DANS LE DÉSERT

Comme nous l'avons vu jusqu'ici, la transformation de la matière première en matière pure est au cœur de l'alchimie. En outre, les anciens alchimistes pensaient que la purification des métaux vils en or et en argent s'accompagnait d'une catharsis de l'esprit, de l'obscurité vers la lumière.

Il me restait alors une question principale à résoudre à partir de mes recherches sur l'alchimie : comment croyaient-ils possible cette transmutation ?

La réponse réside dans leur but ultime, la création de la pierre philosophale, faite de *« prima materia »*, la matière première en latin. La *prima materia*, invisible, se révèle pourtant la composante de base de tout ce qui existe. Les alchimistes ont une conviction : toute matière est vivante et susceptible d'être transmutée vers la perfection si la *prima materia* – petite étincelle de vie enfouie dans chaque élément – peut être libérée et relâchée en son sein. Ce principe les conduit à formuler leur hypothèse de transformation du métal vil en or. Jung, dans *Psychologie et Alchimie*, explique que les alchimistes ont expérimenté pendant des siècles la méthode pour délivrer cette étincelle grâce à diverses techniques, telles que la chaleur ou la lumière.

Nous ne saurons sans doute jamais s'ils ont réussi à créer physiquement la pierre philosophale. En revanche, il est clair qu'au fil du temps cette histoire est devenue de plus en plus cryptique. De nombreux alchimistes en sont venus à croire que la pierre philosophale existe uniquement dans un monde onirique entre lumière et obscurité, énergie et matière. Le plus intrigant dans cette quête s'avère l'évolution du concept de pierre philosophale : elle incarne désormais le moyen de tout connecter, de guérir les divisions et d'unir les opposés.

Alors, comment réaliser ce prodige ? Il existe deux méthodes. La plus simple et la plus populaire, mais aussi la plus dangereuse, la voie sèche, emploie les « feux rageurs de notre nature inférieure ». Quant à la voie humide, plus longue, elle nécessite une initiation graduelle vers l'état requis pour concrétiser sa transformation personnelle.

Santiago, dans *L'Alchimiste*, se montre évidemment pressé d'accomplir son rêve et opte pour la voie du désert – la voie sèche – afin de se transformer. Qu'implique donc son choix ?

Dans le laboratoire de l'alchimiste, la voie sèche commence par l'œuvre au noir, au cours de laquelle la matière est décomposée dans ses constituants de base, suivie par l'œuvre au blanc, qui les purifient. Enfin, pendant l'œuvre au rouge, les éléments raffinés apparaissent sous la forme d'une poudre rouge, l'ingrédient primordial de la pierre philosophale capable de transmuter un métal vil en or. N'oublions surtout pas que le processus chimique du laboratoire s'avère une métaphore des phases de transformations vécues par l'alchimiste.

Les alchimistes évoquent ces trois étapes sous le nom de *« magnum opus »*, le grand œuvre. Carl Jung emploiera ces phases pour identifier les stades de la transformation psychologique qui mène au véritable accomplissement. C'est révélateur.

Les alchimistes et Jung considéraient l'œuvre en noir comme la plus difficile et la plus longue du grand œuvre. Au laboratoire, on parle de « mortification », ce qui signifie « faire face à la partie morte ». Les propriétés calcinées – car sans valeur et sans intérêt – de la matière physique terminent en cendres. Les caractéristiques anciennes ne sont plus reconnaissables. Pour les alchimistes, il s'agissait d'« affronter le dragon ».

Le dragon, dans le contexte de la transformation interne, représente notre côté sombre, l'aspect de nous-même que nous préférons ignorer ou que nous refusons d'admettre. Nous craignons le dragon, car nous avons peur qu'il nous consume si nous le bravons.

Le dragon vit dans notre inconscient et nous croyons – à tort – le maîtriser, tout en le gardant caché. Il possède le feu et le danger inhérents à la facette de notre humanité que nous rejetons ; celle qui nous effraie le plus. En réalité, le dragon maintient nos vies sous son joug.

Parfois, nous sommes tellement déconnectés de nos sentiments et pensées véritables que nous n'avons plus conscience de nous-même... qu'on l'admette ou non. Mais les anciens alchimistes – et, plus tard, Carl Jung – ont compris qu'il nous fallait affronter le dragon dans l'espoir de réaliser notre individuation et de parvenir au bonheur.

En outre, affronter le dragon constitue l'unique voie vers le véritable accomplissement. En effet, une fois que nous avons trouvé le courage de le braver, nous puisons dans la *prima materia*, au cœur de toute vie, pour le vaincre.

Le dragon symbolise notamment les facettes de nous-même que Jung appelle notre « ombre ». Robert Johnson, l'éminent psychanalyste jungien, a d'ailleurs écrit la somme définitive à ce sujet : *Owning Your Own Shadow* (*Habiter son ombre*). Dans son ouvrage, il souligne que la santé psychique et le véritable accomplissement proviennent uniquement de l'unité de notre conscient et de notre inconscient.

Toutefois, voici de bonnes nouvelles pour régler ce dilemme apparemment insoluble. Pour les alchimistes, notre plus grand trésor réside dans cet endroit obscur qui abrite également l'or le plus pur. Comme l'écrit Jung, « [...] ce qui signifie que ce à quoi nous pensons le moins, l'aspect de nous-même que nous refoulons peut-être le plus, ou que nous méprisons, est aussi cette part qui contient le mystère[1] ».

1. Citation tirée de *The Red Book. Reflections on C.G. Jung's Liber Novus*, sous la direction de Thomas Kirsch et George Hogensen.

Les alchimistes ont donc compris que notre personnalité inconsciente la plus fragile et la moins valorisée n'est pas une erreur de la nature. Notre personnalité blessée n'est pas seulement incarnée par le métal vil à l'œuvre dans le laboratoire, mais elle est également indispensable pour l'accomplissement du grand œuvre, la création de la pierre philosophale. Sans cette part d'ombre, impossible de fabriquer l'or alchimique.

Toutefois, il nous faut oser l'embrasser et la traiter avec le respect et la dignité qu'elle mérite – en suivant le processus évoqué dans l'œuvre au noir, toute la puissance de l'Amour sera convoquée – malgré notre aversion.

L'œuvre au noir consiste à déconstruire. Il ne s'agit pas d'une promenade de santé. Au contraire, nous descendons au plus profond de notre propre obscurité où l'unique lueur provient du feu de l'enfer métaphorique. Dans la pénombre, nous nous sentons seuls, sur les berges du désespoir.

Ce processus de réduction spirituelle apparaît dans *La Nuit obscure de l'âme*, célèbre poème écrit par Jean de la Croix, grand théologien et poète espagnol du XVIe siècle. En substance, son point de vue rejoint celui des alchimistes : si vous souhaitez vous transformer afin d'atteindre le véritable accomplissement et, pour ce faire, si vous suivez l'œuvre au noir, alors la sensation première se manifestera sous la forme d'un profond sentiment d'insignifiance.

Cette expérience se révèle si puissante, si bouleversante qu'on la compare parfois à la dépression. Plus rien n'a de sens, tout paraît vain : nos activités, nos réalisations, où nous allons et ce que nous jugions important. En vérité, la raison même que nous donnions à notre vie s'effondre.

Il est essentiel de nous rappeler que ces sensations et ces sentiments accablants sont bien réels et non imaginaires. Ils se trouvent dans notre inconscient où ils sommeillent en chacun de nous. Nous pouvons soit les affronter en utilisant la voie sèche de l'alchimie ou attendre qu'ils entrent par effraction dans nos vies, par la voie humide. Les alchimistes estiment qu'il s'agit d'un choix personnel. Quant à Santiago, il opte pour la voie sèche quand il se dirige vers le désert symbolique en quête de son trésor.

*

Dans *L'Alchimiste*, Santiago revoit Melchisédec après s'être engagé dans la poursuite de son rêve. Le vieillard le gratifie de paroles pleines de sagesse qui lui serviront pour accomplir la partie la plus longue et la plus dangereuse de son voyage. Il ignore ce qui va se produire, mais il s'apprête à accepter l'aide proposée.

Melchisédec l'avertit au sujet des « forces mystérieuses » qui semblent négatives, alors qu'elles détiennent en réalité le secret de sa destinée. Elles prépareront son esprit à la révélation de l'« unique vérité » : « Quand tu veux vraiment une chose, tout l'Univers conspire à faire en sorte que tu parviennes à l'obtenir. » En outre, Santiago apprend que l'Âme de l'Univers qui se nourrit du bonheur est influencée à part égale par le malheur, l'envie et la jalousie. Melchisédec le résume dans une formule : « Tout est une seule et unique chose. »

Santiago traverse la mer vers une terre désertique et inconnue, écrasée par le soleil. Sa quête passera par un désert sec : la voie sèche des anciens alchimistes.

Comme on pouvait s'y attendre, Santiago subit un revers immédiat en débarquant au port dans ce pays où son véritable voyage va débuter. Dans la journée, il se fait voler pratiquement tout ce qu'il avait sur lui en se fiant sottement à un jeune escroc à qui il a confié ses économies. Il se trouve sur une terre inconnue, dont les mœurs et la langue lui sont étrangères. Il perd son identité de berger et n'a plus un sou vaillant. Des phénomènes prévisibles lorsque l'on entre dans l'œuvre au noir par la voie sèche.

D'abord, il s'apitoie sur son sort face à cet échec si dramatique. Sa stupidité lui fait honte. Il se sent seul et ne peut revenir chez lui.

Il a l'impression d'avoir été trahi et se met à nourrir de la rancœur à l'égard de quiconque a réellement réussi à trouver son trésor. Il croit avoir fait erreur en jugeant qu'il pourrait y arriver. Il en tire la conclusion que c'est folie de penser qu'il pourrait changer sa vie ou le monde. Tout est vanité, se dit-il ; on ne peut rien modifier. Santiago s'enfonce dès lors dans la Nuit obscure de son âme.

Notons qu'un bon tiers de *L'Alchimiste* est consacré à la première étape de la transformation de Santiago, alors qu'elle ne recouvre qu'une brève période de sa vie. Le processus commence lorsqu'il décide d'affronter sa peur de quitter ce qui lui semble familier. Son passé de berger ainsi que la dépendance de ses brebis à son égard – y compris pour assouvir leurs besoins les plus fondamentaux – symbolisent cette faculté de la nature humaine à toujours trouver la voie vers la vie la plus simple et la plus sûre, tant qu'on ne la met pas au défi. Nous nous sentons à l'aise sur ce chemin de moindre résistance, parce que nous pouvons le contrôler, le manipuler, le façonner à notre avantage. Nous y voyons une forme de pouvoir, mais nous comprendrons vite pourquoi il s'agit en réalité de l'antithèse du véritable accomplissement. En outre, nous allons bientôt remarquer que lorsque Santiago opte pour le changement, un sentiment d'accomplissement le récompense tout de suite.

Santiago commence par faire le choix de poursuivre sa transformation intérieure afin de trouver son trésor en usant du processus alchimique – bien qu'il n'en ait pas conscience à ce moment du récit. Par chance, et malgré sa personnalité farouchement indépendante, Santiago ne doit pas accomplir seul son voyage. Dans le désert, apparemment privé de tout soutien, il ne se révèle pas aussi isolé qu'il le craignait. Toute l'énergie de la *prima materia* – la force qui relie tout, l'Amour inconditionnel qui réside au cœur de tout – s'engage à l'accompagner au cours du processus.

Pour Santiago, le résultat initial de l'œuvre au noir se solde par un sentiment immédiat de perte, de désillusion et de désespoir. Toutes les béquilles de son ancienne vie ont disparu. Et il ne s'y est pas préparé ; Melchisédec ne l'avait pas averti de la survenue de ce processus douloureux. L'importance du préjudice est minimisée dans le récit, mais son impact s'étend bien au-delà de l'incident avec le voleur qui s'enfuit avec toute sa fortune. Santiago se sent vulnérable. Complètement. Viscéralement.

C'est le contrecoup normal de l'œuvre au noir. Un sentiment de perte, le désespoir, l'hypersensibilité. Pire encore, toutes nos craintes se dévoilent soudain.

En effet, quand notre personnalité se déconstruit dans ses composantes les plus primaires, la peur se manifeste souvent. Dans certains cas, il s'agit d'une véritable terreur, d'un profond effroi.

Quel que soit le nom qu'on lui donne, entrer dans l'œuvre au noir révèle le joug que cette angoisse terrible exerce sur notre vie. La nature humaine développe une peur rationnelle, mieux définie par le terme de prudence, qui survient pour nous protéger : par exemple, ne pas mettre sa main au feu ou laisser trop longtemps sa tête sous l'eau. Et puis, il y a une terreur irrationnelle, tapie dans le royaume de nos émotions, capable de déclencher des réactions incontrôlables face à diverses circonstances, singulièrement dans le domaine des relations. Elle peut nous paralyser et, parfois, devenir réellement handicapante.

Le travail de l'œuvre au noir consiste à exposer les craintes pour ce qu'elles sont, à révéler le pouvoir qu'elles détiennent sur nous et à nous offrir la possibilité de les guérir, c'est-à-dire dans la terminologie alchimique, de les purifier. Cette purification intervient lors de l'œuvre au blanc ; l'œuvre au noir se contente de les mettre à nu.

Le premier pas inéluctable du processus de transformation nécessite donc de creuser jusqu'à la racine de nos peurs. Sans les identifier, impossible de les guérir et, plus grave, impossible de les transformer en atouts. Nos atouts les plus puissants. Et si j'écris « guérir », c'est bien parce que derrière chaque terreur se cache une plaie béante.

La dégradation des conditions de vie de Santiago semble inévitable, étant donné le choix qu'il a assumé afin de trouver son trésor. Mais il livre bataille une fois qu'il a décidé de poursuivre son chemin. Tout de suite, il prévoit un plan de secours. Inutile de continuer, ce qui aboutirait à une nouvelle perte. Il croit que son unique chance de survie réside dans sa capacité à recouvrer son état antérieur. Privé de tout élément constitutif de son identité précédente, il fait l'inventaire de ce qui pourrait le ramener d'où il vient.

Santiago retrouve les pierres que Melchisédec lui a données et s'étonne qu'elles lui aient coûté si peu cher. Six brebis en échange de deux pierres précieuses prélevées sur un pectoral en or… une bonne affaire ! Pourtant, en réfléchissant, il finit par comprendre que leur valeur symbolique s'avère plus importante que toute somme qu'il pourrait en tirer pour payer son billet de retour. En effet, elles lui rappellent qu'il doit lire les signes pour connaître la direction à suivre et trouver son trésor.

Tandis que revient sa foi dans les paroles de Melchisédec, il adopte une nouvelle attitude. Cet endroit empli de solitude et de désespoir n'est plus un « monde étranger », mais un « monde nouveau ». De plus, malgré la peine qu'il lui a causée, ce lieu n'est pas mauvais en soi. Il admet alors que, même sans jamais atteindre l'objet de sa quête, il aura déjà profité de l'expérience.

Il comprend qu'il peut choisir de se complaire dans l'affliction ou d'accepter le défi. Il préfère devenir un aventurier, plutôt que la victime des circonstances. Il maîtrise sa destinée. Il sait qu'il y aura un coût et, pour le moment, il se sent perdu. Pourtant, il décide de continuer, même si, au bout du compte, il risque de revenir à la situation antérieure.

Je trouve ce passage fascinant : Santiago, pour la première fois, commence à comprendre les personnes qu'il a rencontrées dans ce nouveau monde. Ils n'ont pas changé, contrairement au regard qu'il porte désormais sur eux. Plus important, il ressent plus clairement les intentions d'autrui. Sa perception de leur relation au monde s'améliore. Sans effort – de façon intuitive –, il réussit à voir s'ils suivent eux aussi leur rêve. Il a découvert un langage inexprimé qui relie toutes les choses ; un sixième sens qu'il décide d'écouter pour la première fois. Ce langage lui permettra de prendre conscience que les signes décrits par Melchisédec le guideront dans sa nouvelle aventure. Il espère alors qu'ils le ramèneront chez lui.

Dans mon expérience, l'œuvre au noir a consisté à laisser ma conscience ressentir la douleur gisant dans mon inconscient, puis à l'identifier. Ce diagnostic représentait la première étape vers la possibilité de maîtriser l'emprise qu'elle détenait sur moi. Pourtant, c'était bien là la dernière chose dont j'avais consciemment envie. Pourquoi vouloir ranimer la souffrance ? Notre programmation humaine nous incite à fuir la douleur et le chagrin, avec pour conséquence de vivre dans la crainte qu'elles se reproduisent.

Jung a décrit et pratiqué ce que les alchimistes avaient découvert. Et mon expérience le confirme. Si nous n'identifions pas la douleur, si nous ne la nommons pas, si nous ne l'acceptons pas et ne laissons pas l'Amour la guérir, alors elle prendra le contrôle de notre vie en se cachant derrière la peur. Je ne le sais que trop bien : la crainte impose son joug à nos existences. Et moi, je désire ardemment m'en libérer.

Je parle de l'œuvre au noir au présent, car, en même temps que l'œuvre au blanc et l'œuvre au rouge, ces trois étapes ne forment pas une expérience linéaire dans la résolution de notre alchimie intérieure. Elle serait plutôt circulaire. Quant aux phases, elles se manifestent de façon cyclique.

Depuis que j'ai commencé mon grand œuvre personnel, j'ai connu ces différentes phases à différents stades de ma vie, durant ces quarante-huit dernières années. Le processus continue tant que nous n'avons pas atteint le cœur, c'est-à-dire la pierre philosophale.

Je considère souvent ce voyage comme l'itinéraire du conscient vers l'inconscient via une série de flèches infinies qui plongent en spirale dans le sens des aiguilles d'une montre de la circonférence vers la pierre philosophale, au centre. En chemin, je franchis chaque œuvre au noir, au blanc et au rouge. Le temps affecté à chacune d'elle dépend d'un certain nombre de facteurs que j'évoquerai bientôt. D'après mon expérience, on peut dire sans se tromper qu'il est impossible de passer à une autre phase sans avoir fini la précédente et ceci dans l'ordre.

Suivre le processus alchimique, tel qu'exposé jusqu'ici, m'a permis de découvrir la transformation que j'attendais depuis si longtemps. Pour faciliter l'explication, je vais en souligner les détails à la fois internes et pratiques. Mais rappelez-vous que, dans l'alchimie, il n'existe pas de séparation entre les deux. En réalité, ils ne font qu'un et travaillent en tandem, comme chez les anciens alchimistes dans leur laboratoire.

Quant à mon laboratoire, il s'agit des événements quotidiens de ma vie, tandis que j'essaie de transformer, avec l'aide de l'Amour, les éléments les plus vils et les plus méprisés de ma personnalité en mes atouts les plus précieux.

Dans l'exemple suivant, je vais décrire l'une des transformations les plus précoces et les plus importantes que j'ai conduites. Car j'ai délibérément commencé avec l'œuvre au noir, même si je ne l'appelais pas ainsi à cette époque.

*

La motivation principale qui a provoqué ma décision d'engager ce processus de transformation résidait dans ma recherche constante de l'approbation d'autrui. Mes efforts importaient peu, j'avais l'impression d'être condamné à manquer d'estime de soi. Et ce manque, je le savais, provenait en toute logique d'un défaut d'amour-propre. Mais cette connaissance ne faisait pas disparaître ce sentiment qui m'accablait. En outre, j'avais conscience que la projection sur les autres de ma propre négativité pouvait réduire à néant mes chances d'entretenir des relations positives et aimantes.

En choisissant d'entrer dans l'œuvre au noir, puis dans l'œuvre au blanc, j'ai découvert un élément essentiel : mon enfant intérieur. Malheureusement, il se sentait rejeté et en faisait subir les conséquences à mon moi adulte.

Je vous livre toutefois une nouvelle encourageante. Grâce au grand œuvre que je m'étais engagé à terminer, j'ai enfin réussi à l'empêcher de dicter mon comportement. Je souhaiterais maintenant vous expliquer comment.

Au moment où je me suis lancé sur cette voie, ma conviction que l'Amour dirigeait désormais ma vie et me donnerait les signes nécessaires pour suivre ma destinée m'a guidé vers une communauté extraordinaire – une vraie famille – dans le sud de l'Angleterre. Elle avait un principe : dès lors qu'il était possible de vivre dans un environnement qui prend soin de soi, mené par l'amour inconditionnel et l'acceptation, alors l'Amour apporterait la guérison et l'unicité aux existences les plus bouleversées. Il s'agissait d'un véritable village d'accueil et je suis heureux d'en avoir fait l'expérience.

Ce concept paraît certes simpliste ou naïf, mais il possède un effet contagieux sur quiconque le découvre et en partage l'objectif. Bientôt, d'autres visionnaires ont rejoint les fondateurs. Une centaine de personnes a fini par quitter son foyer dans le monde entier pour y emménager. Il ne s'agissait ni d'une nouvelle religion ni d'une secte, mais d'une modeste communauté qui croyait au pouvoir de guérison de l'Amour.

J'ai pris contact avec ma petite famille pour m'y impliquer et je suis devenu professeur à plein temps dans le lycée local. Au cours des années, nous avons assisté à des changements miraculeux chez les personnes en souffrance. Nous avons vu combien l'Amour apporte une évolution positive quand il se manifeste. Ceux qui avaient lutté toute leur vie durant en raison d'obstacles émotionnels trouvaient la liberté et la maturité d'avancer, de mener des existences épanouies dans la société. C'était incroyable !

En tant que membre de la communauté, j'ai pris la décision de contempler de nouveau mes blessures intérieures, toujours présentes. De façon ironique, plus je m'efforçais de vivre une vie d'Amour à l'égard des autres, plus je projetais mon manque d'amour-propre vers eux. Le temps était venu de voir si je pouvais apporter du réconfort à mon ego blessé, de trouver une solution et de sauver mes relations.

À l'intérieur de la communauté, j'ai cherché les membres dont je respectais la sagesse et en qui j'avais confiance. Je leur ai demandé s'ils acceptaient de devenir mes guides tandis que je me lançais sur cette voie. Ils ont soutenu ma décision d'identifier les sentiments exacts sur lesquels je devais travailler dans le cadre du processus de guérison. L'un d'eux m'a recommandé de lire le poème de Jean de la Croix, *La Nuit obscure*. La signification originale de la « Nuit obscure » a mainte fois été réinterprétée par de nombreux auteurs, mais l'essence même du poème a été captée précisément par Thomas Merton dans son ouvrage *Contemplative Prayer*[1].

Merton, moine trappiste devenu l'ami du Dalaï-Lama, a amplement écrit sur son rapport conflictuel à la foi et sur sa propre

1. *Contemplative Prayer*, Londres, Darton Longman & Todd, 2005.

humanité. Il a consacré son existence à chercher l'unité avec l'Amour, par la prière et la contemplation. Merton a reformulé l'objectif de transformation initiale du poème en choisissant de s'engager à descendre au plus profond de l'obscurité de l'inconscient et de se dépouiller de toute illusion que nous entretenons au sujet de la foi et du sens de la vie.

J'ai lu les deux livres en même temps et pris la décision de m'aventurer dans la Nuit obscure de l'âme. Je comprenais l'interprétation de Merton du poème et elle m'a aidé à voir son influence bénéfique en tant qu'exercice spirituel. Il décrit le processus comme un obscurcissement des sentiments et des sensations qui aboutit à l'angoisse profonde vécue lors des méditations ou des prières contemplatives. Il le croit nécessaire pour tous ceux qui souhaitent confier la maîtrise de leur inconscient à l'Amour et donc, en fin de compte, à notre moi. Ce qui marque l'abaissement de nos défenses habituelles et conscientes, car toute défense est une limitation. Le développement, explique-t-il, vient de l'abandon. Nos défenses conscientes protègent aussi notre conscience des dragons intérieurs de la peur qui nous paraissent trop formidables pour être affrontés sans être soi-même caparaçonné.

Merton poursuit sa démonstration. Lorsqu'en toute conscience, nous faisons face à ces forces inconscientes, avant de les embrasser, tout notre système de croyances s'effondre. Il convient avec Jung, qui admettait également l'importance de l'œuvre au noir, qu'au cours du processus tous les moteurs de notre existence et de notre amour seront réduits en pièces. Toutes les lumières de notre vie s'éteindront. Toutes les valeurs qui nous soutiennent perdront leur forme et s'enfonceront dans les ténèbres, « suspendues dans le néant », comme il l'écrit.

Même notre foi dans la réalité de l'Amour sera remise en cause. Nous entrons dans une nuit où l'Amour existe sans aucune représentation : invisible et par-delà toute projection mentale. Notre conscience, note-t-il, va lutter pour s'accrocher à des images et à des concepts familiers à notre foi, tandis que nous plongeons dans les abîmes de l'inconnu vers une nouvelle lueur, celle d'une vérité et d'une réalité plus profondes.

Pour les alchimistes, la lumière décrite par Jean de la Croix, Jung ou Merton incarne la pierre philosophale, enchâssée au centre de notre être, la « perle de grand prix » évoquée par Jésus de Nazareth dans sa parabole[1]. Le trésor est caché dans un champ que nous achetons après avoir vendu tout ce que nous possédons. Il nous faut perdre ce que nous croyons posséder de valeur afin d'en gagner une plus importante encore.

D'autres m'ont également recommandé de prendre une année de disponibilité, à l'écart de mon travail exigeant de professeur, et de pratiquer une activité plus manuelle, au cas où l'impact de ma transformation intérieure personnelle ne me permettrait pas de continuer à assurer mes responsabilités. En suivant ce conseil avisé, j'ai appris à utiliser une presse d'imprimerie rudimentaire afin de publier le magazine mensuel de la communauté.

Je pensais avoir besoin de plus d'espace émotionnel dans ma vie et pourtant je n'étais pas du tout préparé à ce qui allait se produire. La nuit obscure de mon âme était aussi ténébreuse qu'on pouvait l'imaginer.

Ceux à qui je m'étais fié pour me rattraper avaient parfaitement raison au sujet de la profondeur de la chute à laquelle je m'étais exposé. Car je suis vraiment tombé de haut. Le choc que j'ai ressenti en entrant dans mon subconscient a provoqué une expérience tétanisante.

Pour être précis, il ne s'agissait pas d'un épisode dépressif, j'ai la chance de ne l'avoir jamais été. Ce n'était pas non plus la conséquence d'un traumatisme résultant d'une perte ou d'un deuil. Aussi curieux que cela puisse paraître, j'ai volontairement opté de traverser ce processus avec la conviction d'avoir suffisamment foi en la transformation et dans le pouvoir de l'Amour pour trouver le trésor que je cherchais : la liberté de m'Aimer moi-même et autrui de façon inconditionnelle.

La forme quotidienne du processus de transformation a pris l'aspect d'une routine simple. Je me levais tôt. Plutôt que de rêvasser ou de laisser mon esprit vagabonder en anticipant la journée

1. Mt 14 : 45-46.

qui m'attendait, je récitais une brève prière tirée d'un classique des Églises orientales, dont l'objectif consistait à empêcher le désordre de mes pensées conscientes de dominer mon cerveau. Ainsi, lorsque, plus tard, je passais du temps en contemplation silencieuse, il me paraissait plus facile de travailler sur les émotions qui jaillissaient.

Je répétais sans cesse ma version de la prière du cœur : « Seigneur, aie pitié de moi. Christ, aie pitié de moi. Seigneur Jésus-Christ, aie pitié de moi. »

Elle a été mon mantra pendant douze mois entiers. Dès que j'avais la tentation de retomber dans mes habitudes, je disciplinais mon esprit en revenant à la prière du cœur.

Pendant le reste de la matinée, je me concentrais sur les tâches d'une vie de famille ordinaire et je faisais tourner la presse. Un travail répétitif qui permettait à la communauté d'économiser de l'argent en évitant de devoir payer des imprimeurs professionnels pour éditer notre mensuel. Cette vie me semblait plus simple que celle d'enseignant dans un grand lycée, peuplé d'adolescents parfois difficiles.

Je déjeunais de peu seul dans l'église du village l'hiver et dans ses jardins l'été. Durant ces moments, loin du monde, j'entrais dans mon inconscient, à la façon d'une prière contemplative, et donnais la parole aux peurs et aux émotions méprisées qui gisaient au plus profond de l'obscurité de mon âme.

Quelle période sombre et traumatisante ! Comme Merton l'explique, j'ai dû affronter la perte de tous les soutiens conscients de la foi et de la doctrine qui, auparavant, m'avaient aidé à tenir. Chaque jour qui passait, chaque semaine, chaque mois, mon âme se dépouillait de toutes les notions de ce que j'avais été, à la fois bonnes et mauvaises. En lieu et place émergeait l'impression vertigineuse d'une vacuité totale.

Si mon objectif consistait à plonger au plus profond du désespoir, alors, à l'évidence, j'y parvenais. Au fil du temps, je m'autorisais à ressentir la douleur intérieure de la solitude, de la déréliction, de l'abandon. Il s'agissait des émotions principales qui surnageaient à la surface de mon inconscient et je savais que je ne serais jamais entièrement libre d'embrasser tout ce que la vie avait à m'offrir – ainsi que d'emprunter ma véritable destinée – sans que j'habite mes ténèbres intimes. D'emblée, j'étais extrêmement motivé, mais à mesure, ma motivation s'est mise à vaciller : « Quel intérêt ? » demandait mon esprit conscient.

L'ardoise sur laquelle mes objectifs et mes rêves s'étaient inscrits s'effaçait sous mes yeux. Pour le moment, rien ne les remplaçait.

Les bases culturelles et sociales qui avaient donné sens à ma vie – tel que le désir d'aider et d'améliorer l'existence des autres – se désintégraient. Je découvrais que mon estime de soi avait été bâtie sur mon utilité à l'égard d'autrui et ce désir a disparu également. Je comprenais que l'image illusoire que j'avais de moi-même devait aussi mourir d'une mort lente et douloureuse et qu'au-delà gisait la vacuité que je m'étais, jusque-là, efforcé d'éviter. Désormais, je plongeais mon regard dans ce néant et me demandais : « Qui suis-je réellement ? »

Enfin, au bout de quelques mois, la réponse viscérale m'est revenue haute et claire : « Tu es cet enfant blessé et abandonné qui doit trouver sa voix pour devenir entier. »

Chaque semaine, je m'entretenais avec mes deux mentors, afin de témoigner de mes progrès et de partager mon bilan. Ils avaient suffisamment d'expérience pour appréhender ce que je traversais et m'ont encouragé à poursuivre aussi longtemps que j'en avais la force. Seul l'un d'eux avait essayé cette pratique en obtenant des résultats mitigés. Il était parvenu à atteindre les profondeurs de l'inconscient en employant la technique de la Nuit obscure de l'âme, mais s'efforçait encore de soigner les blessures qu'il avait mises au jour. Je me souviens d'avoir pensé – fidèle à ma nature – que, si je progressais, je lui offrirais mon aide.

À certains moments, toutefois, ma vie semblait totalement dépourvue de signes qui m'auraient encouragé à continuer. Supporter ce sentiment de vide jour après jour me paraissait parfois un fardeau trop lourd à porter.

Malgré tout, j'ai trouvé la force de m'y consacrer. Au bout de six mois, je me rappelle l'apparition d'une minuscule lueur dans ma conscience. Un petit miracle se produisait dans mon quotidien, tandis que je plongeais dans ma propre obscurité. Lentement, et d'abord sans en avoir vraiment conscience, j'ai commencé à croire que dans mon entourage les plus proches m'aimaient pour ce que j'étais.

L'enfant intérieur fragile et blessé que j'avais dévoilé à ma conscience se sentait aimé et accepté inconditionnellement par les autres, même s'il n'avait pas encore atteint le moment où il s'aimerait lui-même. Cette étincelle m'a encouragé à tenir, malgré la dureté de l'épreuve.

C'est à ce moment, je m'en souviens, que je suis descendu au point le plus bas de mon œuvre au noir, comme je l'appelle dorénavant. Les sentiments réels aux manettes de mon inconscient s'étaient identifiés et révélés. Ils avaient maintenant besoin d'être purifiés, nettoyés. Le temps de l'œuvre au blanc était arrivé.

À méditer

Le choix d'affronter consciemment vos dragons peut se révéler une expérience très douloureuse ; mais, si vous ne le faites pas en connaissance de cause, la vie vous y forcera souvent, comme si vous n'étiez qu'un observateur. Le chagrin est l'exemple le plus simple d'une circonstance incontournable qui débloque aisément l'inconscient. Nous vivons tous des deuils ; tissés dans l'étoffe même de l'existence, on ne peut les éviter. La mort d'un proche, un traumatisme ou un accident, le rejet, la maladie ou un problème physique invalidant, la guerre et la misère : autant d'événements qui provoquent la souffrance. La perte de ce qui a été peut nous bouleverser. Si beaucoup s'en sortent, ce qui constitue un véritable miracle, éloge à la résilience de l'esprit humain, d'autres ne s'en remettent pas et ne regagnent jamais l'élan positif qui stimulera leur vie émotionnelle. C'est une triste vérité.

Les alchimistes le savaient. Ils avaient la conviction que le miracle de la transformation d'une obscurité affligée vers la lumière d'un nouvel espoir pouvait devenir un processus actif que nous décidons de prendre à bras-le-corps. Ils croyaient également que la transformation ne pouvait intervenir sans le truchement de l'Amour, car dans les ténèbres de la déréliction, le seul espoir réside dans cet Amour qui existe en nous. Invisible, mais présent.

Selon saint Paul : « À présent, nous voyons dans un miroir et de façon confuse, mais alors ce sera face à face. À présent, ma connaissance est limitée, alors, je connaîtrai comme je suis connu. Maintenant donc ces trois-là demeurent, la foi, l'espérance et l'amour, mais l'amour est le plus grand. » (1 Corinthiens 13 : 12-13.)

Au cours de l'œuvre au noir, c'est bien d'Amour que nous avons besoin. En vérité, nous aurons besoin de toute l'aide que l'Amour pourra nous apporter par tous les moyens possibles.

Le chemin qui consiste à affronter la réalité et l'entièreté de ce que nous sommes semble trop difficile à emprunter pour certains. La plupart d'entre nous construisent leur vie pour éviter ou ignorer de telles souffrances intérieures. Toutefois, si nous nous contentons du confortable et du pratique, et ne pénétrons pas dans l'obscurité, alors elle jaillira dans nos consciences toujours aux moments les moins opportuns et nous embarrassera.

En d'autres termes, si vous n'entrez pas dans l'ombre pour affronter vos dragons, le cours de votre existence vous y conduira de toute façon. Et cette fois, les dragons maîtriseront les événements.

Affronter les dragons dans les ténèbres de notre inconscient me paraît, par expérience, la seule option possible si vous cherchez l'épanouissement, la plénitude et le véritable accomplissement.

Affronter les dragons, c'est prendre sa destinée en main.

Si vous vous fiez suffisamment à l'Amour pour embarquer dans ce voyage alchimique intérieur, alors le véritable accomplissement vous attend et entrera tout de suite en action. L'Amour espère que nous lui disions « Oui ! » Une fois engagé, vous vous découvrirez un courage surnaturel qui vous permettra d'identifier et d'embrasser ces aspects de vous-même que vous avez passé votre vie à rejeter.

Il n'existe pas deux chemins identiques. La vie est unique et vous affronterez vos propres dragons. Mais il est une vérité universelle : la transformation de votre moi méprisé en votre plus grand trésor s'avérera éternelle.

L'Amour, si vous avez les yeux pour le voir, a pavé la voie devant vous.

Les signes, partout présents, vous encourageront au cours du processus. Vous n'affronterez pas seul les dragons dans l'obscurité, car, ici, vous découvrirez que l'Amour a déjà tout accepté à votre sujet et veut que vous transformiez chaque facette de votre vie. L'amour vous berce.

Je renouvelle ma promesse : j'ai demandé à l'Amour de vous donner tout ce dont vous avez besoin pour être l'alchimiste dans votre monde tandis que vous accomplirez l'œuvre au noir.

CHAPITRE 7

AU TRAVAIL CHEZ LE MARCHAND DE CRISTAUX

Dans le chapitre précédent, j'ai évoqué non seulement la nécessité d'une phase d'œuvre au noir douloureuse, mais aussi l'importance de déconstruire le moi en ses éléments constitutifs, avant de pouvoir avancer vers le véritable accomplissement. Une fois ce processus achevé, nous sommes prêts à entrer dans l'œuvre au blanc, où nous allons purifier ces constituants. Après l'obscurité de la nuit, nous marchons vers la lumière de l'aube. Nous allons assister à la mort progressive du pouvoir qu'exerçaient nos manques sur notre vie. Anciennes dépendances, croyances et habitudes perdront leur emprise et une nouvelle personne transfigurée va émerger. Pour suivre la voie des alchimistes et afin de continuer la transformation, nous allons devoir travailler avec les vestiges de l'œuvre au noir.

Dans leur laboratoire, les opérations réalisées par les alchimistes avec la matière subsistante s'avéraient cruciales pour que le processus alchimique se prolonge jusqu'à l'apparition de l'or. Ils devaient, entre autres, nettoyer et laver les éléments afin de les reconstituer pour former une nouvelle matière plus pure. S'ils ne pratiquaient pas cette clarification, alors la production d'or aurait été contaminée.

En outre, au cours de notre transformation intérieure, nous nous exposons à demeurer coincés dans l'œuvre au noir et de passer la fin de notre vie ensevelis sous les décombres de notre moi.

« Il n'est plus que l'ombre de lui-même. » Cette locution courante décrit parfaitement l'état de celui qui vient de vivre un traumatisme violent. Nous ne devons pas rester dans cette condition, au risque de voir le véritable accomplissement nous échapper ou, au mieux, se montrer très limité.

Mais voici une bonne nouvelle : l'œuvre au blanc ne contient pas la souffrance, la peur et l'illusion de la mort renfermées par l'œuvre au noir. Il existe une lumière au bout du tunnel. La sensation de renaissance, du jaillissement d'une nouvelle vie, émerge progressivement. Cette phase nécessite un engagement fort, mais les récompenses pleuvent et nous encouragent dans notre quête du trésor.

Les alchimistes ont découvert un autre phénomène fascinant au cours de l'œuvre au blanc : une dualité fondamentale dans la nature même de la matière. Les éléments qui restent à purifier contiennent en effet des qualités en apparence opposées. Des caractéristiques positives et négatives, identifiées au masculin et au féminin : le roi et la reine ou le soleil et la lune. La signification portée par cette révélation s'avère cruciale pour parvenir à compléter l'œuvre au blanc.

Car l'œuvre au blanc concerne à la fois la purification et l'unification. Grâce à leurs travaux, les anciens alchimistes devaient fusionner des principes internes opposés, le masculin et le féminin. C'est dans l'unité que l'inséparable se réunit, que l'or finit par être produit. Et pour se faire, il faut atteindre un nouveau degré d'intégrité et de force. Il s'agit d'une propriété inédite de la pierre philosophale.

Pour en donner une lecture pratique, les alchimistes divisaient le processus de purification en deux phases : séparation et conjonction. La séparation permet à l'alchimiste d'isoler enfin la nature de la véritable personne intérieure qu'il a libérée du joug des besoins de l'inconscient et des faux-semblants du conscient.

En d'autres termes, guérison et individuation prennent la place du moi fragmenté.

Les alchimistes choisissaient l'image de l'épée prête à couper et à révéler ce qui est dissimulé afin de l'exposer à la lumière et à l'air. Après avoir identifié les éléments potentiellement précieux, ils peuvent les élever. Au cours de l'œuvre au blanc, nous permettons à ce que nous méprisions et rejetions comme sans valeur de grandir à la lumière de l'Amour.

La conjonction suit la séparation : ces composants réévalués sont recombinés pour former une matière inédite. Dans le symbolisme alchimique, il s'agit également de l'union des quatre éléments Feu, Air et Eau pour produire une nouvelle Terre. L'élément nouvelle Terre est enfant de la conjonction, la conception d'une nouvelle vie à travers l'amour entre le masculin et le féminin du moi. Les alchimistes lui donnaient le nom de « mariage sacré ». Le roi et la reine, le soleil et la lune ne s'opposent plus et créent le fœtus ou « pierre inférieure ». À ce stade, l'alchimiste élevait (ou devait élever) cet enfant afin qu'il devienne un adulte mûr, à savoir le « Soi » jungien. C'est la « grande pierre » ou pierre philosophale.

Parfois, l'iconographie alchimique représente ces opérations de « séparation » et de « conjonction » sous la forme de deux oiseaux qui regardent d'abord dans des directions opposées, évoquant ainsi la déconnexion entre l'esprit et l'âme. Toutefois, quand les véritables éléments du Soi se combinent, personne, pas même les alchimistes, ne sait quelle nouvelle personnalité en émergera. Ils n'ignoraient pas en revanche que l'association du masculin et du féminin produit un enfant avec une conscience neuve qui n'est dominée ni par les éléments patriarcaux ni par les éléments matriarcaux.

L'enfant philosophal est par essence un être intuitif. Il ou elle associe la soif d'action du masculin avec la passion sincère du féminin ; l'union de la pensée et du sentiment s'incarne dans la réalité et l'intégrité.

N'oubliez pas que l'objectif consiste à raffiner la pierre philosophale. En termes jungiens, comme nous l'avons vu, le processus d'individuation produit un nouveau Soi, le nom attribué par Jung à l'enfant philosophal, qui saura gérer toutes les réalités que la vie ou la nature sèmeront sur ses pas. Il y survivra inaltéré. Les comportements négatifs, les pensées confuses et les émotions bouleversantes d'autrui ne pourront détruire le solide refuge qu'incarne notre pierre personnelle. Il s'agit bien là du refuge intérieur de confiance et d'intégrité dont Jung jugeait qu'il était un droit imprescriptible de chacun. C'est aussi le berceau et le foyer du véritable accomplissement.

*

Au marché, lorsque Santiago est détroussé, il est distrait par la plus belle épée qu'il a jamais vue avec son « fourreau en argent et [sa] poignée noire, incrustée de pierres précieuses ». Le vol intervient juste avant son entrée dans l'œuvre au noir, représentée par la perte. Il ne parvient pas à reconnaître le signe de l'arme, si séduisante, pour ce qu'il est.

Santiago la désire au point de promettre qu'il l'achèterait un jour et pourtant elle ne sera plus jamais mentionnée dans le récit. Cette épée symbolise métaphoriquement l'œuvre au blanc, au cours de laquelle les craintes enfouies de l'inconscient sont coupées et exposées au soleil du désert, le guidant ainsi vers le Soi unifié.

Santiago emprunte alors une rue en pente et, au sommet de la colline, passe devant le Marchand de Cristaux. Sans un sou, il est affamé. Il remarque que les vases sont sales et offre de les nettoyer en échange de nourriture. Sous les yeux du Marchand qui reste muet, Santiago se met à les essuyer. Peu après, deux clients entrent et achètent plusieurs cristaux : l'unique vente de la matinée.

Santiago saisit l'occasion d'empocher un peu d'argent et propose de travailler nuit et jour pour astiquer l'inventaire du Marchand afin de pouvoir se payer son voyage. Mais à sa grande stupéfaction, le Marchand lui apprend que même s'il essuyait les vases pendant un an et touchait une commission sur chaque vente, il ne pourrait financer son équipée. Les pyramides sont si loin ! Il se berce d'illusions s'il espère gagner assez pour traverser le désert.

Santiago, atterré, assimile la nouvelle. Son dernier espoir, qui lui aurait permis de continuer sa quête, s'écroule ; son âme demeure silencieuse. Sa situation lui paraît si désespérée qu'il en vient même à se dire que la mort serait plus douce que le découragement qu'il ressent soudain.

Le Marchand en voyant la réaction de Santiago propose gentiment de lui offrir l'argent pour qu'il reparte en Andalousie. Un instant plus tard, tout espoir de trouver son trésor envolé, Santiago lui annonce qu'il souhaite travailler pour lui afin de racheter des moutons. Il veut redevenir berger.

Pendant une année entière, Santiago, motivé par sa décision de rentrer, s'affaire avec entrain chez le Marchand de Cristaux. Il ne ménage pas son énergie pour l'aider à développer son commerce et les résultats s'avèrent gratifiants à la fois pour Santiago et le marchand. La boutique prospère depuis qu'ils servent du thé dans les magnifiques verres en cristal. Les clients, attirés par la beauté des coupes, aiment la magie qui en émane et leur met du baume au cœur.

En plus de gagner suffisamment d'argent pour réaliser son nouveau projet – à savoir revenir chez lui et acheter encore plus de brebis –, Santiago apprend une leçon importante grâce au Marchand : la plupart des personnes choisissent de ne pas suivre leur rêve.

Ainsi, la peur de l'échec du Marchand a toujours dominé son désir de concrétiser son rêve. Pour éviter la déception en cas de revers, il a décidé de ne pas essayer de réussir. Il préfère fantasmer de se rendre à La Mecque, une obligation dans sa religion, plutôt que de tenter le voyage.

Il a même trouvé un prétexte : personne ne pourrait s'occuper du magasin durant son absence, aussi risquerait-il de tout perdre au cours du voyage. Pour le Marchand, le rêve d'aller à La Mecque s'est substitué à l'effort qu'il aurait dû effectuer afin de gagner l'argent nécessaire pour le pèlerinage. Pour cette raison, il n'a pas réalisé les changements susceptibles de rendre sa boutique florissante. Et soudain, Santiago entre en scène et en démontre le potentiel commercial.

Le Marchand a compris que, s'il permettait à Santiago de faire prospérer son affaire, il n'aurait plus de prétextes pour ne pas suivre son rêve. Malgré sa peur profondément enracinée de ne pas réussir, il autorise pourtant Santiago à apporter des modifications.

Grâce aux efforts du berger, le magasin se développe bien au-delà de leurs attentes respectives. En conséquence, Santiago amasse en une année suffisamment d'argent non seulement pour revenir chez lui, mais également pour reconsidérer sa décision de repartir à la recherche de son trésor.

Le Marchand sait qu'il ne fera sans doute jamais le pèlerinage, mais que Santiago, lui, poursuivra son voyage parce que, maintenant, il est prêt ; c'est son destin. « Mektoub, » dit-il à Santiago. « C'est écrit. »

La période qui se déroule chez le Marchand de Cristaux s'apparente d'évidence à l'entrée de Santiago dans l'œuvre au blanc, la phase alchimique de nettoyage et de purification. Le magasin évoque son inconscient et le marchand sa voix.

Lorsque l'on comprend que *L'Alchimiste* est un manuel d'alchimie, cet épisode précis acquiert une tout autre signification. En l'espèce, le talent de conteur de Paolo lui permet de traiter d'un sujet extrêmement complexe : comment écouter et identifier la voix de l'inconscient ? Il la dépeint grâce à la métaphore astucieuse de la coupe en cristal.

Personne ne souhaite acheter de verres sales et peu reluisants. Santiago les astique et obtient rapidement des résultats. Plus il les nettoie, plus il attire le chaland. Il atteint même le point où les clients veulent boire dans ces magnifiques coupes propres et paieraient pour en avoir le privilège. La boutique prospère.

Si le magasin représente l'inconscient de Santiago, le cristal symbolise les aspects de sa personnalité qui restent après l'œuvre au noir. Cette matière première qui compose son être doit maintenant être purifiée. Chaque verre de cristal doit être manipulé avec prudence pendant le nettoyage afin d'éviter la casse. Puis, il est exposé en vitrine pour le mettre en valeur aux yeux de tous. Si vous possédez une pièce de cristal précieuse, vous savez qu'il faut la placer en pleine lumière, qu'elle soit naturelle ou artificielle.

Impeccable, elle brille de mille feux et le véritable talent du maître-verrier se révèle.

Le cristal incarne la nécessité de prendre les éléments à la fois délicats et peu reluisants de notre inconscient pour les baigner à la lumière de l'Amour. La lumière n'opérera sa magie que si nous nous tenons prêts à dévoiler ces parties, à la traiter avec respect, puis à présenter le résultat.

Toutefois, on pourrait facilement négliger un léger détail au sujet de cette métaphore sur le cristal. En effet, le cristal en question est en réalité un verre riche en plomb, réputé pour son éclat. Il sert à concevoir de magnifiques lustres, des strass ou des coupes ouvragées. Plus le pourcentage de plomb est élevé, plus le verre est clair.

Lorsque Santiago nettoie le cristal dans la boutique, il prend symboliquement les éléments de base de son Soi, représenté par le plomb présent dans le verre, et les raffine pour qu'ils deviennent des objets de grande beauté et de grande valeur. Ce qui correspond bien à l'œuvre au blanc des alchimistes ; le succès de cette phase repose sur un dévouement et une concentration extrêmes. Il s'agit d'une étape critique dans le grand œuvre qui se poursuit tant que tous les éléments de base n'ont pas été polis avec amour afin de révéler leurs caractéristiques uniques et précieuses.

Filons la métaphore : la voix du Marchand représente celle de l'inconscient de Santiago. Tandis que celui-ci accomplit le processus de nettoyage et de purification, la voix exprime d'abord le regret, puis la peur du changement. L'inconscient de Santiago a renoncé à sa capacité d'espérer et de rêver d'un avenir meilleur. Il a décidé que ses craintes ne pourraient être surmontées et s'est résigné. Les blessures et la souffrance infligées par l'échec lui paraissent insupportables. Et pour cette raison, l'inconscient de Santiago ne veut modifier ni ses habitudes ni ses manières.

Toutefois, le nettoyage qu'il effectue incite sa voix inconsciente à oser croire. Il l'exhorte à admettre les extraordinaires possibilités qui s'ouvrent à lui s'il peut triompher de ses peurs. Bref à être positive.

Santiago entend cette voix et décide de poursuivre sa tâche, jusqu'à ce qu'il possède suffisamment d'argent pour repartir. Enfin, la voix change d'avis. De la résignation, elle passe à la volonté de prendre le risque de l'échec. La purification a fonctionné !

Fait intéressant, le travail de Santiago chez le Marchand de Cristaux dure onze mois et neuf jours. Dans la numérologie traditionnelle, onze représente l'éveil, l'illumination et la réalisation. Quant au neuf, on l'associe aux fins qui apportent un renouveau et une spiritualité transformée. Il symbolise également la gouvernance, le service rendu et les lois spirituelles qui dirigent l'univers. Alors, il n'est pas étonnant que le récit se réfère à ces nombres pour souligner la signification de la fin de l'œuvre au blanc pour Santiago : il détient désormais le pouvoir d'avancer afin d'accomplir son destin.

À la fin de la période chez le Marchand de Cristaux, Santiago sort revêtu d'un précieux costume arabe, en lin blanc : une nouvelle tenue pour un nouvel homme. Il possède plus d'argent qu'il n'en a jamais eu. Le travail de nettoyage et de purification des éléments de base de son inconscient une fois achevé, il peut progresser et réussir dans ce qu'il décidera de faire, en fin de compte : redevenir berger ou passer à la prochaine étape du processus alchimique. Dans les deux cas, sa vie n'est plus guidée par la peur. Son esprit s'ouvre à des possibilités inédites.

*

À la fin de mon œuvre au noir, un défi s'est présenté. Je devais m'interroger sur le moyen de guérir l'enfant intérieur blessé. Mais, au moins, je savais qu'il existait et cette conscience a immédiatement désamorcé une grande partie du pouvoir de destruction qu'il détenait sur moi. Si je voulais que le processus de transformation soit couronné de succès et que l'enfant intérieur soigné mûrisse suffisamment pour me soutenir dans ma quête, alors il fallait qu'un événement radical se produise.

À ce moment, j'ai décidé de laisser l'enfant intérieur blessé implorer directement l'aide de l'Amour. Mon moi adulte désespérant de trouver une réponse, je suis sorti des sentiers battus durant mes séances contemplatives et j'ai permis à l'enfant de venir à mon secours. Je lui ai donné la parole. Étant donné le volume et l'intensité de sa voix, je devais m'isoler, loin des oreilles indiscrètes, au cours de ces sessions qui se déroulaient à l'heure du déjeuner.

S'il avait besoin de crier, je le laissais crier. S'il avait besoin de pleurer, je le laissais pleurer. S'il voulait vociférer, je le laissais vociférer. Il s'agissait des affaires privées entre mon enfant blessé et l'Amour, et j'ignorais ce qui allait advenir de cette relation. Je savais seulement qu'il fallait que l'événement se produise et mes mentors semblaient croire que c'était une bonne idée.

Cet exercice se fondait en partie sur la Gestalt-thérapie, développée principalement aux États-Unis par Fritz et Laura Perls, ainsi que Paul Goodman dans les années 1940 et 1950. Leur méthode thérapeutique se concentre sur le fait de donner une voix aux sentiments dans un environnement contrôlé avec le thérapeute, plutôt que de leur laisser le champ libre dans une situation réelle de la vie quotidienne où ils pourraient provoquer des dégâts[1].

Le cœur de la philosophie de la Gestalt réside dans l'acceptation des sentiments qu'on s'autorise à exprimer avant de chercher à les comprendre, au lieu de les refouler. En pratique, elle implique de s'asseoir face à une chaise vide et d'imaginer un enfant en colère qui a besoin d'évacuer ce qu'il ou elle ressent. Dans l'idéal, le moi adulte permet à l'enfant de se sentir écouté et il en résulte une conversation qui aidera à résoudre ce qui n'a pas été résolu durant l'enfance. Dans mon cas, je n'avais pas grand-chose à offrir à mon « enfant assis », alors j'ai laissé l'Amour guider la discussion ; et l'Amour a dit à l'enfant qu'il était bon d'être en colère, car la colère provenait d'une profonde blessure.

L'Amour n'a pas seulement écouté mon enfant blessé, mais m'a également envoyé une aide pratique en la personne du Dr Frank Lake, un psychiatre britannique de renom[2], qui m'a permis d'avancer dans ma quête.

1. Voir le travail fascinant de Talia Levine Bar-Yoseph dans *Gestalt Therapy: Advances in Theory and Practice.*

2. Il a plus tard écrit magistralement sur ce sujet dans *Clinical Theology: A Theological and Psychiatric Basis to Clinical Pastoral Care.*

Lake était invité à parler lors d'une mini-conférence organisée par la communauté à laquelle j'appartenais. Il pensait avoir découvert le moyen de guérir les blessures les plus profondes infligées durant l'enfance, voire avant la naissance. J'étais tout ouïe !

Durant ses études, Lake avait adopté la théorie de la psychodynamique qui défend l'idée que la plupart des problèmes psychologiques trouvent leur origine dans des expériences traumatiques subies au cours de la petite enfance. Dès 1954, psychiatre missionnaire en Inde, Lake a commencé à traiter ses patients en employant l'hyperventilation et la respiration profonde pour déclencher des souvenirs de traumatismes infantiles. En ouvrant les portes de l'inconscient, il enregistrait ses patients qui les revivaient. Ses conclusions confirment pour l'essentiel les théories psychanalytiques jungiennes. Toutefois, le travail thérapeutique de Lake et d'autres psychiatres renommés surpassaient la psychanalyse jungienne au niveau des résultats et de la vitesse.

Lake est revenu en Angleterre, où il a poursuivi son œuvre et découvert un phénomène encore plus incroyable : ses patients remontaient jusqu'à des expériences survenues avant l'enfance et la naissance, parfois *in utero*. Dès lors, il a appelé sa technique l'intégration primale, au sein de son domaine de théologie clinique. Son hypothèse, née d'études de cas couronnées de succès, énonce que divers problèmes classiques – anxiété dans les relations, sentiment d'abandon, dépendance, phobies, peur de la mort, peur de tomber ou d'être broyé – trouvent leur origine dans le vécu utérin ou à l'instant de la naissance. Mais Lake s'est rendu compte qu'il s'avère possible d'intégrer et de libérer la souffrance enfouie en simulant la naissance ou l'expérience utérine lors d'une séance dirigée par le thérapeute.

Je me souviens des paroles introductives de Lake. Pour réussir à assimiler le traumatisme, il fallait chercher une simulation permettant à la fois de recréer de façon intelligente les conditions de la naissance et de revivre cette épreuve. J'ai entendu mon enfant intérieur s'écrier « Amen ! » Je me suis immédiatement inscrit pour la première session d'intégration primale avec Lake, prévue le week-end suivant au sein de ma communauté.

Lake a développé des méthodes pratiques pour intégrer non seulement le traumatisme de la naissance, mais aussi des expériences fœtales négatives. Il a commencé la séance thérapeutique par une induction verbale dite du Voyage fantastique, une forme légère d'autohypnose grâce à laquelle je me suis vite rappelé mes premiers souvenirs. Cette méthode confie au patient les commandes et je pouvais réguler la profondeur de mon expérience. Aidé par l'hyperventilation, j'ai plongé dans ma mémoire fœtale au moment de ma naissance.

Durant la session, je me souviens que Lake a expliqué que le fœtus subit les pires traumatismes au cours du premier trimestre de la gestation, de la conception, jusqu'au trajet dans la trompe de Fallope et à l'implantation, puis plus tard, lors de l'accouchement et quand il tisse ses premiers liens. En revanche, tout le monde ne trouve pas ces événements traumatisants ; l'un de mes amis a ainsi revécu son expérience prénatale et sa naissance avec une grande joie. Malheureusement, ce n'était pas mon cas.

Sans vouloir entrer dans les détails, je peux affirmer sans risque que j'avais traversé toute une gamme d'émotions : tristesse, épuisement, colère, peur et anxiété. Au bout de deux ou trois séances, je ressentais une désolation lugubre et j'éclatais en larmes régulièrement. J'exprimais aussi ma fureur en frappant un oreiller à coups de poing. Lake avait insisté pour que deux facilitateurs m'assistent pendant les sessions. Je leur faisais entièrement confiance. Ils m'ont aidé à maintenir le contact avec mon moi adulte, pendant que je relâchais les émotions qui jaillissaient pour leur laisser libre cours.

J'ai ressenti soudain un engourdissement et un froid intenses, sur tout le côté gauche de mon corps. Mes facilitateurs m'ont encouragé à m'ouvrir à cette sensation, à y plonger. Lorsque je me suis concentré sur ma douleur, je me suis senti nauséeux, puis j'ai vomi. À l'évidence, mon moi fœtal s'efforçait de rejeter une présence indésirable, invasive. Lake m'a alors incité à puiser dans mon imagination et ma volonté afin de guider cet envahissement depuis mon flanc gauche vers le nombril, puis hors de mon corps via une trompe de Fallope fantasmée. Je me représentais un fluide noir, semblable à un poison.

Une fois cette dernière séance d'intégration primale achevée, je me suis senti faible, épuisé. Lake et mes facilitateurs se sont approchés de moi afin de demander à l'Amour de remplacer cette douloureuse sensation par la compassion et l'Amour éternels. Je me souviens de m'être platement excusé auprès d'eux qui avaient dû assister à ce spectacle. Mais ils étaient ravis que j'aie pu entrer en contact avec ces sentiments.

À la suite de cette session, j'ai expérimenté pour la deuxième fois de ma vie cette impression que mon être entier baignait dans l'Amour. Pourtant, cette fois, il y avait une différence importante. Il ne s'agissait pas de la bouffée d'illumination que j'avais ressentie lors de ma première rencontre avec l'Amour ; cette fois, c'était un sentiment de bien-être profond et durable, et la conviction inébranlable que l'Amour était aux commandes.

Les semaines suivantes m'ont conduit vers l'œuvre au blanc, une phase constructive. J'étais désormais capable de travailler avec l'enfant blessé dont les crises et les exigences avaient cessé. Il avait trouvé sa voix, ainsi que ma coopération et ma compréhension. Plus important, il savait qu'il avait ma compassion. Ensemble, nous pouvions affronter la vie et étudier ce dont il avait besoin pour m'aider dans ma quête.

Peu après ma dernière session d'intégration primale, j'ai compris que je devais rendre visite à ma mère afin d'obtenir des réponses aux questions lancinantes qui avaient émergé pendant les séances. Ce que j'avais revécu était-il basé sur des événements réels ? J'avais hâte de le découvrir.

Ma femme avait déjà pu combler quelques-unes de mes lacunes grâce aux conversations qu'elle avait menées avec ma mère. J'ai pris soin de choisir le bon moment et de ne pas l'effrayer avec les détails de ma thérapie. Je lui ai demandé nonchalamment comment s'était passée sa grossesse.

Je suis fils unique, car elle avait fait deux grossesses extra-utérines après ma naissance. Les médecins en avaient conclu qu'il s'agissait d'un véritable miracle si j'étais arrivé à terme. En outre, ils lui avaient recommandé, pour sa propre sécurité, d'éviter d'être de nouveau enceinte. Au deuxième trimestre, elle avait été frappée par une septicémie. Nous avions tous deux failli en mourir et n'avions survécu que grâce à l'administration de pénicilline. Cette information aurait pu expliquer ma sensation lors de la séance d'intégration primale : l'envahissement fœtal que j'avais ressenti représentait peut-être cet empoisonnement sanguin.

Par chance, l'accouchement s'était passé sans complication. Mais toutes les tentatives de ma mère pour me nourrir au sein s'étaient soldées par un échec. Apparemment, tant que je n'avais pas reçu de lait maternisé, nous avions tous deux vécu dans l'angoisse.

Puis, quelques mois après ma naissance, j'ai contracté la coqueluche et j'ai de nouveau frôlé la mort, en raison des difficultés respiratoires liées à la maladie. Mes parents et mes grands-parents se sont relayés à mon chevet pendant deux semaines pour s'assurer que je respirais.

Malheureusement, ma mère a souffert également de ma naissance et de ses effets sur ma prime enfance. Bizarrement, elle a soudain eu des crises d'épilepsie. J'avais deux ans. J'ai une réminiscence vague, mais traumatisante, dans notre premier domicile. Je me souviens de la voir rouler par terre, du sang maculant son visage. Un voisin est arrivé et des infirmiers l'ont emmenée à l'hôpital au moment où mon père rentrait du travail pour s'occuper de moi.

Ma mère a reçu un traitement médicamenteux, ainsi que des électrochocs pour contrôler les crises les plus sévères. Mais les petites crises d'absence occasionnelles et ses accès imprévisibles n'ont pas cessé pour autant. Alors que j'étais encore nourrisson, elle me parlait tendrement et soudain, sans raison, m'agressait verbalement et m'enfermait dans un placard obscur sous l'escalier. Des heures plus tard – du moins, à ce qu'il me semblait –, elle l'ouvrait et me reprochait de m'y être caché. Elle n'avait apparemment pas conscience de ce qui s'était produit auparavant.

À d'autres moments, durant ses explosions de colère irrépressibles, elle me tenait responsable de ses déboires. Lorsque mon père s'en est rendu compte, les médecins ont administré un traitement à ma mère qui lui permettait de contrôler son humeur. Lentement, notre vie s'est améliorée.

J'avais passé tant d'années sans connaître ces détails. En les découvrant, j'ai réussi à reconstituer pièce après pièce le récit de ma petite enfance. Ce qui m'a donné la possibilité d'embrasser mon enfant intérieur, cet être à la fois confus et exigeant. Je pouvais prendre du recul et comprendre pourquoi il se sentait attaqué et maltraité par la personne entre toutes qui aurait dû lui procurer amour et protection.

J'ai également aidé cet enfant à envisager qu'il ne s'agissait ni de la faute de sa mère ni de la sienne. L'enfant et mon moi adulte ont alors pu considérer ma mère avec un nouveau regard plein de compassion, plutôt qu'avec peur, colère, déception, voire ressentiment. Ma relation d'homme adulte avec ma mère s'est améliorée – au-delà de toute espérance.

Plus tard, je me suis occupé d'elle après qu'elle a subi une opération du cerveau majeure. Les médecins avaient enfin compris la cause de son épilepsie. Il s'agissait de la rupture d'une malformation artérioveineuse cérébrale. Un chirurgien spécialisé la lui a ôtée et elle a passé les vingt-cinq dernières années de sa vie libérée de son traitement et de la peur des crises.

En m'émancipant, cette intégration primale m'a permis de commencer un processus grâce auquel je me sentais capable de pardonner à ma mère et de réconforter l'enfant qu'elle avait tenté d'élever, baignée par un profond désespoir. J'entrais dans l'œuvre au blanc et tout le labeur acharné que j'avais placé dans l'œuvre au noir finissait par payer.

Quand, un peu plus tard, j'ai parlé au Dr Frank Lake de la septicémie qui m'avait frappé lors de mon développement fœtal, il s'est réjoui de la connexion positive qui avait résulté de notre séance. Il m'a confié que j'avais littéralement vomi le souvenir du poison et m'a demandé s'il pouvait me citer dans ses études de cas.

La clé du progrès de mon moi adulte résidait dans la capacité d'avancer et de réorienter ma vie dans le cadre d'une réalité positive. Au lieu de repousser mon enfant intérieur blessé, j'adoptais sa formidable résilience. J'allais puiser dans son courage et sa détermination. Il avait miraculeusement survécu à des périls mortels et à un rejet inexplicable tout au début de sa vie.

Parmi toutes les conséquences de l'intégration primale, j'ai fait une découverte surprenante à laquelle je ne m'attendais pas du tout : la force de mon enfant blessé provenait d'une relation avec l'Amour à la fois unique, intime et complètement intégrée à sa personnalité. Mon enfant blessé n'était pas séparé de l'Amour ; il était enveloppé d'Amour. Quelle vérité étourdissante ! Même les avocats les plus chevronnés de la Nuit obscure de l'âme ne m'avaient pas laissé entendre que j'obtiendrais ce résultat !

J'avais imaginé qu'il n'y aurait que douleur, souffrance, abomination, peur et dévastation dans mes profondeurs les plus ténébreuses et j'ai cru qu'il s'agirait du travail de mon moi adulte de réparer les dégâts, de me remettre en état. Et pourtant, quand j'ai découvert la réalité, j'ai trouvé un vainqueur et non une victime, un roi et non un indigent – une âme pleinement intégrée, baignée dans la lumière de l'Amour. J'étais tout cela à la fois, non parce que j'avais connu un début parfait, mais parce qu'il était imparfait. Je ne faisais qu'un avec tout et j'en tirais ma force : intégré dans la vérité, non dans le fantasme ; dépendant de l'Amour et non des circonstances. J'avais véritablement trouvé ce que les alchimistes appellent l'enfant philosophal, le *filius philosophorum*.

C'était la fin de mon œuvre au blanc et le chemin qui se dessinait devant moi m'indiquait que je n'avais plus besoin des autres pour me prouver à moi-même que j'étais digne d'Amour. Je ne chercherais plus leur assentiment et cette servitude ne fausserait plus mes relations. J'étais libre de m'aimer et d'aimer autrui sans attendre quoi que ce soit en retour. J'avançais sur la voie qui me permettrait d'aimer inconditionnellement.

J'étais prêt pour l'œuvre au rouge. Elle me guiderait vers la manifestation de l'accomplissement que j'entrevoyais.

À méditer

La plupart des personnes que j'ai eu le privilège d'aider sur la voie de leur transformation ont, à un moment ou un autre, rencontré leur enfant blessé intérieur. Pas toutes, mais la plupart. Si vous êtes l'un des chanceux pour qui les étapes du développement infantile ont été remplies uniquement d'expériences positives et épanouissantes, tirez parti de cet immense don. Car il réduit d'autant la nécessité d'affronter des traumatismes importants durant l'œuvre au noir.

Toutefois, pour la plupart d'entre nous, l'enfant blessé s'avère l'un des plus grands cadeaux de la vie. En effet, lorsque nous nous apprêtons à rencontrer notre enfant, cet être qui ne fait qu'un avec l'Amour, nous sommes projetés sur le chemin de notre trésor.

Pour moi, l'œuvre au blanc a consisté à m'emparer des sentiments que j'avais identifiés lors de l'œuvre au noir et à découvrir leur racine. Tous les psychologues contemporains ne défendent pas cette approche fondée sur mon interprétation du processus alchimique. Au cours des dernières décennies, la plupart des thérapeutes et des psychiatres ont suivi les perspectives comportementalistes ou cognitives. Alors, lecteurs, si vous souffrez d'un problème psychologique, cherchez d'abord l'aide d'un professionnel pour trouver un soulagement. C'est le premier pas.

Le processus que je décris dans ce livre ne doit pas se substituer à une consultation : mon expérience encourage une démarche alternative susceptible de fonctionner de concert avec les méthodes en vigueur dans le corps médical. Votre spécialiste reste le mieux placé pour vous conseiller.

Le processus alchimique que j'ai employé a rempli son rôle en raison de la perspective spirituelle que je souhaitais incorporer pour trouver la solution à ce qui, selon moi, me retenait de vivre une vie pleinement épanouie. Je la partage ici avec vous dans l'espoir qu'elle puisse vous être utile.

Plus précisément, je ne défends pas l'idée que la seule voie de l'œuvre au noir consiste à adopter la Nuit obscure de l'âme ou que l'œuvre au blanc inclut nécessairement l'intégration primale. Il n'existe pas une recette unique pour déterrer votre trésor et découvrir le véritable accomplissement. Quelle que soit la méthode pratique que vous choisirez, elle s'assimilera dans votre vraie destinée. À un niveau ou un autre, elle suivra toujours un processus de décomposition, puis une purification et enfin l'accomplissement.

En me fondant sur la réalité de ma propre quête, j'ai délibérément inclus l'Amour dans le processus. Si vous avez pour objectif de réaliser votre véritable accomplissement, alors l'œuvre au blanc comportera une purification de votre soi entier. Ce qui nécessitera peut-être d'approcher votre enfant intérieur, auquel cas je vous conseille de chercher un thérapeute capable de vous assister. Et notamment de vous aider à anticiper d'éventuelles expériences de privation ou de maltraitance durant la petite enfance.

La plupart des professionnels sont disposés à en discuter afin d'en étudier les effets sur votre conduite adulte et d'éventuels problèmes relationnels. L'œuvre au blanc apporte la guérison et sa phase la plus critique réside dans l'intégration de votre moi adulte avec l'enfant caché, rejeté et méprisé de votre inconscient.

C'est le moment de faire face et d'embrasser les pensées et les attitudes négatives ou handicapantes qui dominent votre vie d'adulte. Il n'existe pas d'autre moyen d'être transformé dans le renouveau de l'esprit. L'objectif consiste à métamorphoser le « Je ne peux pas ! » en « Je peux ! », le « Je n'ai pas de futur ! » en « L'avenir m'appartient ! ».

Pour vous aider, au cours de l'œuvre au blanc, je vous offre la pensée qui m'a accompagné durant les épreuves les plus difficiles : il y a une lumière au bout du tunnel et l'Amour, toujours présent, nous guide vers l'instant de notre libération.

J'ai demandé à l'Amour de vous délivrer, mes lecteurs, à travers votre œuvre au blanc, pour vous donner l'accomplissement auquel aspire votre cœur.

CHAPITRE 8

LE SANG COULERA

« […] Lorsque l'Artiste [l'Alchimiste] voit la parfaite blancheur, les Philosophes disent qu'il faut déchirer les livres, parce qu'ils deviennent inutiles. »

Dom Pernety,
Dictionnaire mytho-hermétique (1787)

La troisième phase du processus alchimique traditionnel se nomme l'œuvre au rouge. Au cours de cette étape, les alchimistes considéraient que les éléments purifiés, créés au laboratoire durant l'œuvre au blanc, relâchaient désormais leur puissante énergie dans le stade ultime de cette expérimentation physique.

Ils représentaient souvent la transition entre les deux phases sous la forme de la Reine blanche et du Roi rouge portant ensemble un récipient. Dans le laboratoire, ils obtenaient l'unification par l'augmentation de la chaleur[1].

Jung confirme dans *Psychologie et Alchimie* qu'il s'agit du point du jour, la quiétude et la paix de l'aurore avant le lever d'un soleil glorieux. L'alchimiste, qui travaille également sur la transformation intérieure, se sent épuisé, exténué en raison de l'extraction

1. Voir R. Swinburne Clymer, *Hermetic Science and Alchemical Process.*

des énergies impures issues de l'ancienne forme. Il est temps maintenant d'injecter une nouvelle énergie qui provient de l'union de la reine et du roi et résultera dans la naissance de l'enfant philosophal. Comme nous l'avons déjà vu, il porte un nouvel état de conscience, bien au-delà d'un point de vue féminin ou masculin sur le monde.

En alchimie, la reine et le roi représentent les deux forces spirituelles essentielles au cœur de tout ce qui est présent dans le cosmos. Le féminin et le masculin en toutes choses. Le féminin demeurant dans l'âme et le masculin dans l'esprit. C'est aussi le mariage du soleil et de la lune. La teinte rouge de la lune rousse provoquée par l'éclipse totale du soleil, obscurci par la lune, symbolise également cette phase alchimique.

Quant aux alchimistes chrétiens, ils interprètent l'œuvre au rouge sur le plan de la Résurrection. Selon leur version, le corps du Christ a été crucifié, est descendu en enfer, avant d'être ressuscité dans une unicité immortelle avec le Père, puis de monter au paradis. Il s'agit de l'unité de la terre et du ciel, du feu et de l'eau : la création d'un nouveau royaume. En ce qui concerne sa transformation, l'alchimiste chrétien, en recevant le Saint-Esprit, revêt un nouveau corps.

Dans son laboratoire, l'alchimiste antique utilise une chaleur intense afin de soumettre la matière à la fermentation, la distillation et la coagulation. Un processus comparable à la fermentation du vin, puis à sa distillation en spiritueux, c'est-à-dire en alcool. Le produit fini canalise la matière solidifiée dans sa forme ultime et purifiée. L'association de la coagulation chimique et des forces spirituelles crée la pierre philosophale. Le saint Graal du grand œuvre alchimique.

Du point de vue spirituel, les alchimistes témoignent d'un nouvel état. Ils le décrivent souvent comme un humain entièrement guéri. Il a brûlé le superflu et se montre libre de voler, débarrassé des contraintes mentales et culturelles de son ancienne personnalité. Toutefois, ils avaient conscience d'une phase critique du processus. Pour produire la pierre philosophale, leur transformation personnelle devait survenir exactement au même moment que la conclusion de l'œuvre au rouge physique.

Il convient de noter à ce sujet que toutes les clés du processus alchimique que j'ai évoquées jusqu'ici sont résumées dans la Table d'émeraude, cristal mythique et mystique. On y lit le texte reproduit ci-dessous. Il s'agit de la source la plus vénérée par les anciens alchimistes. Ses origines remonteraient aux écrits de Thot, dit aussi Hermès Trismégiste. Évidemment, la pierre précieuse a disparu dans l'Antiquité, mais ses enseignements hermétiques ont été préservés au cours des siècles par toute une lignée d'érudits. Isaac Newton en a traduit le texte et un exemplaire de sa traduction a été découvert parmi ses articles alchimiques, abrités de nos jours dans la bibliothèque du King's College à Cambridge, en Angleterre.

« *Il est vrai, sans mensonge, certain, et très véritable : ce qui est en bas est comme ce qui est en haut ; et ce qui est en haut est comme ce qui est en bas, pour faire les miracles d'une seule chose. Et comme toutes les choses ont été, et sont venues d'un, par la médiation d'un : ainsi, toutes les choses ont été nées de cette chose unique, par adaptation. Le soleil en est le père, la lune est sa mère, le vent l'a porté dans son ventre ; la Terre est sa nourrice. Le père de tout le telesme de tout le monde est ici. Sa force ou puissance est entière, si elle est convertie en terre. Tu sépareras la terre du feu, le subtil de l'épais doucement, avec grande industrie. Il monte de la terre au ciel, et derechef il descend en terre, et il reçoit la force des choses supérieures et inférieures. Tu auras par ce moyen la gloire de tout le monde ; et pour cela toute obscurité s'enfuira de toi. C'est la force forte de toute force : car elle vaincra toute chose subtile, et pénétrera toute chose solide. Ainsi le monde a été créé. De ceci seront et sortiront d'admirables adaptations, desquelles le moyen en est ici. C'est pourquoi j'ai été appelé Hermès Trismégiste, ayant les trois parties de la philosophie de tout le monde. Ce que j'ai dit de l'opération du Soleil est accompli, et parachevé*[1]. »

1. Il s'agit ici de la traduction classique française, dite de L'Hortulain. (NdT.)

Jung identifie la Table d'émeraude avec une table de pierre verte qu'il découvre dans le premier de ses rêves ou visions de la fin 1912. Dans la terminologie de la psychologie analytique jungienne, l'œuvre au rouge comprend les dernières étapes du processus d'individuation, quand inconscient et conscient se rejoignent et s'intègrent pour former un tout fonctionnel. Ce qui par ailleurs rend chaque personne unique.

Une fois le processus achevé, le nouveau Soi est capable de progresser et de mener une vie productive qui prend la pleine mesure de ses capacités et de ses talents innés et acquis. Inconscient et conscient sont unifiés : la nouvelle personnalité participe activement à la vie de la société et jouit d'une existence épanouie, de relations constructives. Elle découvre raison de vivre et joie de vivre à travers la passion.

*

Peu après avoir pris congé du Marchand de Cristaux, Santiago rencontre l'alchimie pour la première fois de manière consciente, par l'intermédiaire de l'Anglais et de ses livres. Santiago le croise en effet alors qu'il souhaite intégrer une caravane qui se rend aux pyramides. Il n'attend rien de ce voyage à travers le désert si ce n'est d'arriver en Égypte pour, avec un peu de chance, y déterrer son trésor. Il n'a jamais entendu parler d'alchimie et n'escompte sûrement pas que les leçons apprises durant la traversée lui permettent de trouver l'objet de sa quête.

L'Anglais, quant à lui, s'efforce depuis des années de créer la pierre philosophale. Malgré ses recherches et ses tentatives pour obtenir l'aide de personnes se faisant appeler alchimistes, il n'avance pas. Son dernier espoir réside dans un alchimiste arabe qui vivrait dans une oasis sur la route des pyramides. L'Anglais n'anticipe pas de devenir le tuteur de Santiago sur la voie de l'alchimie. Toutefois, il finit par lever le nez de ses livres quand il voit le jeune homme jouer avec ses pierres Ourim et Toumim. Ils nouent connaissance. Bientôt l'Anglais lui révèle ce qu'il sait à propos de l'art des alchimistes.

Au début de la traversée, ils évoquent ensemble l'influence des signes, de la chance et des coïncidences. L'Anglais expose à Santiago la signification de l'Âme du monde et lui explique combien nous nous en approchons lorsque nous suivons les élans de notre cœur. Il décrit comment tout est connecté par l'Esprit du monde : minéraux, végétaux et même humains.

Il enseigne à Santiago l'importance de la transformation et lui apprend que tout ce qui existe évolue dans un processus transformateur continu. Il poursuit en présentant au jeune homme les alchimistes et leurs théories, lui détaille la Table d'émeraude, le Grand Œuvre, l'Élixir de Longue Vie et enfin la Pierre philosophale, capable de transmuter le plomb en or.

En échange, Santiago lui rapporte ses conversations avec le Chamelier au sujet du désert et de la progression de la caravane. Il dit à l'Anglais qu'il voit l'âme du désert et l'âme de la caravane dialoguer ensemble. Il sait maintenant qu'il s'agit du Langage du Monde. Toutefois, ni Santiago ni l'Anglais n'apprécient à sa juste valeur la démarche de l'autre qu'ils renoncent même à apprendre.

À ce moment, l'oasis entre en scène.

Pour l'Anglais, sa signification paraît évidente. Il est en effet convaincu d'y rencontrer l'alchimiste qui lui inculquera le savoir ultime dont il a besoin pour achever la production de la pierre philosophale. Il sollicite d'ailleurs l'aide de Santiago pour le trouver, ce qui permet au jeune garçon de franchir une nouvelle étape de sa quête : il croise par hasard l'une des femmes célibataires de l'oasis. Elle s'appelle Fatima et c'est le coup de foudre.

Santiago sait instantanément que la femme de sa vie se dresse devant lui et elle-même convient que leurs destinées sont à jamais liées. Âmes sœurs, ils seront un jour amants, mais pas avant que Santiago ait poursuivi sa quête afin de mettre au jour son trésor. Le moment viendra où ils consommeront leur amour. S'il n'est pas encore arrivé, il n'est guère éloigné.

L'Anglais finit par trouver l'Alchimiste qui se contente de lui donner un conseil : il doit continuer ses efforts. Entre-temps, Santiago qui s'est aventuré dans le désert pour réfléchir à son avenir tombe dans une sorte de transe. Il a une vision.

Assis sous le soleil, il observe deux éperviers qui volent au-dessus de lui. Son esprit s'égare, tandis qu'il les contemple, et il pense à l'Amour et au Langage du Monde. Soudain, l'un des rapaces fond sur l'autre en piqué. Alors, Santiago a la brève vision d'une armée hostile qui envahit l'oasis, l'épée au poing. Il reprend connaissance. Troublé par cette image, il demande l'avis du Chamelier qui lui recommande d'avertir les chefs tribaux de cette attaque imminente.

D'abord, les chefs de tribus demeurent sceptiques face à cet étranger. Puis le plus âgé leur rappelle l'histoire de Joseph, fils de Jacob. Joseph a prévenu Pharaon que la famine allait frapper son pays et lui a conseillé de s'y préparer. À la fin de la disette, Pharaon a récompensé Joseph pour sa mise en garde.

Les anciens décident également de dédommager Santiago. S'ils sont attaqués, il recevra une pièce d'or pour chaque dizaine d'ennemis tués. Mais il mourra s'ils n'envahissent pas l'oasis.

Tandis que Santiago sort de la tente des chefs, la lune éclaire son chemin. Il ressent profondément l'Âme du monde. Alors qu'il contemple sans éprouver aucune crainte la possibilité de sa propre mort, il rencontre soudain l'alchimiste.

Dans *L'Alchimiste*, la métaphore de la traversée du désert décrit l'œuvre au rouge de Santiago. L'œuvre au blanc une fois achevée survient la coagulation de la matière qui constitue le plus haut potentiel de sa personnalité. De ce potentiel naîtra sa capacité à accomplir des miracles.

Le désert sert également de dispositif pour introduire le lecteur à l'alchimie antique, sachant que Santiago, lui-même, est déjà préparé à cet apprentissage. Très vite, il comprend que l'approche physique expérimentale ne l'intéresse pas : il la laisse à l'Anglais qui incarne l'école européenne et britannique de l'alchimie de laboratoire.

L'Alchimiste nous entraîne sur la voie de l'alchimie interne où l'intuition, les signes et l'écoute attentive de l'Âme du monde permettent la transformation.

On le remarque d'abord grâce au personnage du Chamelier qui sait lire l'environnement autour de lui, en plus d'y être intimement lié.

Si le trésor de Santiago consiste à accéder au pouvoir d'apporter un changement positif au monde, alors parler le Langage du Monde s'avère essentiel. Le laboratoire est la vie elle-même et le monde qui l'entoure. En observant les signes avec attention et patience quand ils apparaissent, il comprendra qu'il ne fait qu'un avec le tout et deviendra un élément du processus continu de la transformation de toutes les choses.

La pierre philosophale de Santiago sera le fruit de cette transformation.

Notons également que l'essentiel de l'expérience alchimique du jeune homme se déroule dans un environnement culturel arabe. Or, historiquement, ce sont les Arabes qui ont réussi à préserver l'héritage alchimique antique. Ils ont traduit et remanié divers mythes grecs, ainsi que des ouvrages scientifiques, parmi lesquels le manuel alchimique d'Aristote rédigé à l'attention de l'un de ses étudiants, Alexandre le Grand[1]. Plus tard, de nombreux alchimistes musulmans ont acquis une grande réputation et le récit nomme même l'un d'eux, Geber, afin que nous comprenions bien leur influence. L'alchimie arabe prospère de nouveau, tandis que l'Europe sombre dans le Moyen Âge pendant plus de sept cents ans après la chute de Rome. Les alchimistes arabes ont apporté leurs manuscrits préservés en passant du Maroc en Espagne au huitième siècle. Toutefois, les esprits européens ont pris au pied de la lettre ces ouvrages rédigés dans un jargon hermétique, alourdi de symboles. D'où leurs difficultés à les assimiler. La fixation de l'Anglais sur la transmutation du plomb en or reflète la direction empruntée par les alchimistes européens à cette époque[2].

Quant à Santiago, il reconnaît dans cette culture du désert la compréhension qu'ont les Arabes de l'unicité universelle et de l'importance de la lecture des signes sur la voie de la transformation.

---

1. Il s'agit du *Secretum Secretorum* ou *Lettre d'Aristote à Alexandre*, en réalité un texte arabe, traduit en latin, qui a connu une grande influence en Europe au Moyen Âge. (NdT.)

2. À ce sujet, voir *Three Arabic Treatises on Alchemy* de Muhammad Bin Umail et M. Turab Ali.

Le récit évoque également l'influence de l'alchimie antique sur la tradition juive avec l'histoire de Joseph en Égypte, sa capacité à rêver et à interpréter ses rêves. L'observation des éperviers et la vision de l'attaque imminente de l'oasis montrent le pouvoir qu'un alchimiste peut obtenir, même au début de son apprentissage.

Pour parachever son œuvre au rouge, Santiago établit un lien affectif avec Fatima. Ce coup de foudre entre homme et femme symbolise la conjonction de la Reine blanche et du Roi rouge, la lune et le soleil mystiques. L'amour qu'il ressent pour Fatima ne ressemble pas à l'attirance qu'il a déjà pu éprouver pour une autre, car il ne s'agit pas d'un amour possessif. Le puits devant lequel ils se rencontrent évoque ainsi l'amour infini, produit d'un respect mutuel et résultat de la purification et de la distillation auxquelles Santiago s'est astreint. Voilà sans doute un commentaire sur la nécessité d'une unité intérieure et sur la déférence que porte Santiago à l'égard de ses facettes masculines et féminines. Toutefois, il est également vrai qu'un amour romantique, s'il veut durer, a besoin de mûrir pour devenir Amour inconditionnel.

Pourtant, leur amour n'est pas consommé. Santiago n'a pas encore réalisé sa pierre philosophale, alors qu'il manifeste déjà le pouvoir qu'il a découvert. Il arrive de loin et il a atteint l'oasis, symbole de son âme. Il écoute dorénavant son cœur et s'ouvre à son intuition.

Il voit son environnement avec de nouveaux yeux : les yeux de l'âme, connectés à l'Âme du monde, qu'il appréhende lors de sa vision. Ces éperviers évoquent puissamment l'aspect sauvage et indompté de la nature humaine. Créatures intelligentes, elles chassent seules ou en meute, mais se montrent capables de repousser un de leur congénère empiétant sur leur territoire si la nourriture vient à manquer.

Difficile pour ceux d'entre nous qui cherchent la paix d'admettre la dualité de notre nature : l'agressivité féroce du chasseur et la quiétude paisible. Tous les jours, dans le monde entier, nous observons ces deux aspects antagonistes et, pourtant, les destructions provoquées par la brutalité débridée de l'humain nous bouleversent toujours autant. Cette double nature agressivité/passivité est innée ; pour le meilleur et pour le pire, c'est le siège de notre pouvoir. La transformer en source de puissance positive demeure l'un des plus grands défis que l'alchimiste en devenir devra affronter et ce défi impliquera de livrer une bataille intérieure.

Domestiquer cette puissance pour la faire travailler en notre faveur et en celle de nos proches constitue l'une des épreuves de l'œuvre au rouge. S'il s'agissait tout simplement d'« éteindre » l'agressivité et d'« allumer » l'assentiment, il n'y aurait pas de combat. Quiconque a déjà essayé de substituer à ses pensées et agissements brutaux la paix et l'amour envers soi et les autres devra reconnaître la lutte qu'il a dû livrer au cours de sa tentative.

Une option consisterait à renoncer à la bataille intérieure en se privant de pouvoir, donc en adoptant un état d'esprit docile qui se soumettrait de bonne grâce à toute puissance extérieure. Ce qui conduirait à une existence impuissante, ouverte aux mauvais traitements, à la domination et à la manipulation.

L'autre terme de l'alternative voudrait que nous affirmions sans cesse notre pouvoir sur les autres en les contrôlant et en tentant de les manœuvrer à notre avantage. Mais ce comportement peut vite devenir violent et destructeur et, à long terme, n'aboutit jamais à un résultat positif.

Bref, aucune de ces alternatives ne mène au véritable accomplissement. En réalité, elles nous privent de la capacité à réaliser des miracles.

Le véritable pouvoir se reconnaît lorsque nous apportons la guérison, la paix et la prospérité au monde qui nous entoure.

Les éperviers qui se battent et la vision de Santiago symbolisent cette lutte vers la conquête du véritable pouvoir.

*

À travers ma propre expérience de cette lutte pour le pouvoir au cours de l'œuvre au rouge, j'ai compris que la passivité ne joue aucun rôle dans la bataille. Le sang coulera. Mais il y aura également de l'or.

Dans le chapitre précédent, j'ai raconté comment j'avais découvert un enfant intérieur puissant qui ne faisait qu'un avec l'Âme du Monde, capable d'avance d'intervenir dans ma vie adulte. Pour la première fois, je ressentais l'harmonie et la complétude. Je me sentais en paix avec moi-même. En outre, je n'étais plus inquiet à l'idée de recevoir l'amour féminin qui, par le passé, m'avait toujours semblé peu fiable et susceptible de m'abandonner à tout instant.

À l'instar de Santiago qui connaît l'amour inconditionnel avec Fatima, j'ai pu embrasser mon côté féminin et progresser, libéré du besoin de sans cesse définir mon image et l'opinion que j'avais de moi-même. J'avais désormais un objectif clair : aimer inconditionnellement et assouvir mes ambitions.

Ce jalon crucial de ma vie représentait également l'occasion d'en finir avec les schémas de pensée et de comportement qui m'avaient empêché de suivre mon rêve et d'explorer une nouvelle direction.

Je me suis découvert un courage inédit. Je me suis senti libéré de ma peur. Comme tant d'autres, j'avais cru que ma personnalité était gravée dans le marbre et ma voie « écrite », déterminée par mes limites. Désormais, pour ma plus grande joie, j'éprouvais un changement en moi : au lieu d'être négatif, j'avais envie de positivité. Et j'énonçais un nouveau mantra : « Le monde m'appartient et rien ne se dressera sur mon chemin. »

Jusque-là, on aurait pu me coller l'étiquette d'une personne passive, au mieux réactive, mais pas celle d'un individu dynamique et intrépide. J'évitais les risques et le conflit autant que possible et me contentais de laisser les circonstances guider le cours de ma vie. Jusque-là, j'avais l'esprit clair. Qui étais-je, me disais-je, pour croire que je pouvais changer ma carrière, mon mode de vie et ma manière de vivre ou mon statut ? Ma vie était ce qu'elle était et je devais apprendre à m'en accommoder.

Maintenant que j'avais commencé l'œuvre au rouge, je découvrais de nouvelles perspectives. Je me fiais à ma capacité à déterminer mon avenir, à me frayer une voie pour y parvenir. J'étais paré à braver un monde hérissé de ces obstacles qui m'avait tant intimidé et à me projeter vers une carrière épanouie et la réussite matérielle. J'avais acquis une confiance renouvelée et je m'apprêtais à en user pour réaliser mes rêves.

D'instinct, j'ai su qu'il ne s'agirait pas d'une promenade de santé. Pourtant, je ne me rendais pas encore compte du défi formidable qui m'attendait, comme j'osais enfin affronter les forces qui m'avaient longtemps maintenu sur la voie du conformisme et de la passivité. Mais je sentais pointer l'enthousiasme. Je prenais conscience de l'importance de ce combat. Marche ou crève ! J'ai compris néanmoins que les flots de ma mer Rouge ne s'ouvriraient pas devant moi simplement parce que j'avais décidé d'aller vers la Terre promise.

Les puissantes contraintes que j'avais laissées m'assujettir à mes pensées intérieures et à mes actes extérieurs se rapprochaient sur leurs chars redoutables, prêtes à reprendre le contrôle. L'œuvre au rouge serait marquée par la mort et le pourpre du sang qui serait versé. Le mien ou celui de mes ravisseurs.

Quoi qu'il en soit, apparemment impassible, j'étais paré à risquer la mort de mon ancien moi. Je sentais réellement que je n'avais rien à perdre. J'étais déterminé à ne pas retourner en arrière ni à revivre ma vie d'antan, parce que cet individu n'existait plus.

Je dois remettre cette période dans son contexte. J'avais renoncé à ma carrière d'enseignant dans un lycée des plus exigeants pour devenir imprimeur. Ce travail solitaire m'avait octroyé l'espace émotionnel me permettant d'achever l'œuvre au noir, puis au blanc, de ma transformation alchimique. Mais au cours de l'œuvre au rouge, il fallait que la porte close de l'imprimerie s'ouvre sur l'extérieur et sur la voie du programme que je m'étais fixé.

L'amour restait mon objectif, mais je souhaitais le mettre à l'épreuve dans le monde concurrentiel et impitoyable des affaires. Je voulais gagner de l'argent pour subvenir aux besoins des miens. La nouvelle vie que je prévoyais impliquait une nouvelle carrière.

Dans ma famille proche, personne ne s'était jamais aventuré dans ce domaine et, en postulant pour devenir commercial dans une maison d'édition, je ne pouvais anticiper mon succès. C'est à ce stade précoce que j'ai su que les chars de mes anciens ravisseurs ne cesseraient jamais de me poursuivre. Ils se manifestaient sous la forme d'une litanie négative qui dressait la liste de toutes les bonnes raisons pour lesquelles ma nouvelle orientation se révélait un mauvais projet :

« Tu manques d'expérience ! »

« Tu n'as pas les capacités nécessaires pour réussir dans la vente ! »

« Tu ne sais pas ce que tu fais ! »

« Tu vas échouer ! »

« Retourne dans ta case ! »

Il m'a fallu rassembler toute la force, que je venais de me découvrir, pour repousser ces idées. Il n'y avait d'autre moyen de les gérer que de les regarder dans le blanc des yeux et leur rétorquer :

« Si, je peux le faire ! »

Les ignorer ou s'efforcer de les raisonner leur donne un surcroît de force. L'astuce consistait, apparemment, à ne pas entrer dans les débats, mais plutôt à les détruire méthodiquement grâce à des réponses positives :

« Je possède diverses expériences qui m'aideront à trouver le succès ! »

« Je peux rapidement acquérir les nouvelles capacités qui me font défaut ! »

« Je sais pertinemment ce que je fais ! »

« Ni rien ni personne ne me limitera ! »

« Je réussirai ! »

Et, ainsi, j'ai posé ma candidature à ce poste de commercial. L'entretien s'est déroulé pendant la conférence annuelle de la société qui se tenait dans un grand hôtel à moins d'une demi-heure de mon domicile. Pour moi, il s'agissait du signe numéro un.

Je suis arrivé en avance et j'ai attendu à l'extérieur de la salle. J'ai observé le flot ininterrompu des candidats, l'air plus professionnel les uns que les autres, qui entraient pour se faire cuisiner. J'étais le dernier et je suis resté assis pendant ce qui m'a semblé une éternité. Une éternité durant laquelle je devais me battre avec mes doutes.

En fin de compte, une jeune femme – brune, souriante avec une queue de cheval – s'est approchée de moi. « Bonjour ! Colm ? Je m'appelle Sarah !

— Bonjour, Sarah, ravi de faire votre connaissance ! » Je ne savais pas qui elle était en me levant pour lui serrer la main. Mais, j'appréciais son accueil chaleureux et je me suis très légèrement détendu.

« Toute l'équipe vous prie de l'excuser de vous avoir fait attendre si longtemps. Mais une urgence nous a retenus et nous sommes toujours en visioconférence avec le siège. Avec un peu de chance, ils ne devraient pas tarder. Elle m'a alors indiqué la porte de la salle. Je peux vous apporter une boisson ?

— Non, merci. Je souriais avec l'espoir que les autres évaluateurs seraient aussi agréables. C'est gentil.

— Vous arrivez de loin ?

— Non, j'habite à côté. Il me paraissait si facile de lui parler. C'est la première fois que j'entre dans cet hôtel, mais ça me semble un bon choix pour votre conférence.

— Oui, c'est super. Vous avez de la chance de vivre dans une aussi jolie région. Je suis venue avec mes deux filles pour qu'elles puissent jouer sur la magnifique plage. Vous avez des enfants ?

— Oui, un garçon et une fille. Et ils adorent la mer. J'imagine que vos filles doivent se régaler avec ce beau soleil.

— Oui, elles s'amusent comme des folles avec leur nounou. Ce qui me rappelle qu'il faut que je vérifie qu'elles sont bien rentrées à notre hôtel. Je vous souhaite bonne chance pour l'entretien ! » Elle m'a dit au revoir d'un geste avant de se précipiter vers les ascenseurs.

Je m'étonnais : une nounou s'occupe de ses enfants ? Je m'interrogeais sur son identité.

Une dizaine de minutes plus tard, la porte s'est ouverte et on m'a invité à entrer. J'ai serré la main des deux hommes assis dans la pièce qui se sont excusés de leur retard, avant de m'offrir un siège.

« Bonjour, Colm, a poursuivi l'un d'eux. Je suis Simon, le directeur des ventes. Je viens de recevoir un appel de Sarah, ma femme, qui est également la directrice de la collection jeunesse. Elle m'a dit qu'elle s'était déjà entretenue avec vous et, apparemment, vous êtes la personne que nous cherchons. Elle m'a aussi conseillé d'économiser notre temps et de vous offrir le poste ! Il s'est alors mis à rire. Qui suis-je pour contredire Sarah ! »

J'ai souri. Ainsi, Sarah était la directrice de la collection jeunesse ! Je tenais mon signe numéro deux.

En réalité, l'entretien n'était pas terminé. Simon me dévisageait. « Je voulais toutefois vous demander pourquoi nous devrions confier ce travail à un ancien professeur qui n'a pas d'expérience dans la vente. »

Je n'ai pas hésité. « Une personne capable d'intéresser des élèves de quinze ans à l'histoire un vendredi après-midi... et de maintenir leur attention, alors qu'ils ont seulement envie de rentrer chez eux, réussira à vendre un livre à n'importe qui !

— Excellente réponse ! a souri Simon. Puis il a regardé l'autre homme assis dans la pièce et ils ont acquiescé tous deux en silence. Quand pouvez-vous commencer ? »

J'ai donc obtenu cette position de commercial doté d'une voiture de fonction et rémunéré deux fois mon salaire de professeur. Je me trouvais maintenant aux avant-postes de ma bataille pour le succès financier. J'ai découvert ultérieurement que vingt candidats hautement qualifiés avaient postulé avant moi. Mais j'avais réussi, d'une part, en raison de mon attitude positive et, d'autre part, j'en suis persuadé, du fait de ma rencontre impromptue avec Sarah.

Je souhaitais retracer cette histoire en détail, parce qu'elle me paraît refléter de nombreux épisodes similaires survenus lors de moments cruciaux survenus au cours de ma carrière. Il s'agit bien de la confirmation de ce que nous avons appris jusque-là dans le livre : quand nous suivons le processus alchimique de transformation, quand nous nous préparons à travailler d'arrache-pied à chaque étape et à ne jamais abandonner, alors le pouvoir de l'Amour modifie les circonstances afin qu'elles jouent en notre faveur. La mer Rouge s'ouvrira devant nous, les chars du doute seront détruits et nous atteindrons la Terre promise.

« Une vie de rêve ! » C'est l'expression qu'utilisent de nombreux amis pour décrire la vie extraordinaire que je mène depuis que j'ai accompli l'œuvre au rouge. Mais ce qui semblait idéal, vu de l'extérieur, s'apparentait pour moi à une lutte de tous les jours ; à de nombreux égards, cette bataille intérieure ressemblait beaucoup à celle qui se déroule dans l'oasis, loin du regard des chefs tribaux assemblés sous la tente.

Il n'existe qu'une seule solution pour contrer l'offensive des pensées négatives qui se dressent sur notre chemin pendant l'œuvre au rouge : c'est le combat au corps à corps. Le pouvoir de détruire le voleur, qui introduit ses préoccupations crépusculaires tandis que nous glissons dans le sommeil ou que nous nous réveillons, provient de cet endroit au cœur de notre âme qui associe la force à la confiance dans le fait de savoir que nous sommes aimés. Ce savoir peut triompher de toutes les puissances négatives que nous devrons affronter alors que nous entrons dans le monde à contre-courant de notre vie précédente.

La négativité peut exister dans nos relations, notre place au sein de la société, nos normes culturelles, nos fidélités, nos idées politiques ou notre système de croyances : en vérité, dans tout ce que nous avons laissé imprudemment définir notre valeur et notre identité jusque-là.

*

Par bonheur, les chefs claniques de l'oasis tiennent compte de la vision de Santiago. Le jeune homme a vu l'attaque-surprise perpétrée par une tribu hostile qui n'hésite pas à rompre la tradition. L'agression advient. Si l'oasis survit, c'est à l'aide d'un piège tendu aux envahisseurs et non pas grâce aux chefs qui restent assis les bras croisés. À l'extérieur de la tente, le sang coule et pourtant la victoire leur revient. Comme promis, Santiago obtient de l'or en récompense.

Dans *L'Alchimiste*, toutes ces forces contraires sont représentées sous le trait de tribus. Chacune possède des chefs et une hiérarchie. Elles s'opposent sans cesse en quête d'eau et de nourriture. Elles ne sont ni bonnes ni mauvaises, mais elles exigent toutes une fidélité sans failles à leurs traditions et à leur autorité.

L'âme désire se transformer ; la société impose de se conformer. En sociologie, l'intégration de ces allégeances tribales se nomme socialisation. Il s'agit, en résumé, de l'intégration des normes et de l'idéologie de la société, ainsi que des moyens grâce auxquels elle se protège en matière de stabilité et de continuité.

La socialisation, comme le remarque Philipp Mayer dans *Socialization : The Approach from Social Anthropology*, est intimement liée à la psychologie du développement, c'est-à-dire à l'étude des processus psychologiques innés et acquis par lesquels l'individu réagit et répond aux processus de socialisation au sein de sa culture. La socialisation examine l'apprentissage durant toute la vie du sujet et elle expose comment ce processus impacte son comportement, ses croyances et ses actes de l'enfance à l'âge adulte.

Les principales cultures dans le monde ainsi que les microsociétés (tribus) en leur sein apportent des influences distinctes et uniques au processus de socialisation. Malgré les énormes différences qui existent entre elles, elles ont toutes un objectif commun : cultiver chez l'individu un jugement moral positif envers le clan. Les opinions sont donc affectées par le consensus régnant dans la société. Elles sont considérées comme acceptables et normales par ceux qui édictent les normes et les attentes de la société, tels que les politiciens, les enseignants, les chefs religieux, les représentants communautaires, les parents, les pairs, voire les médias.

L'étude de la socialisation admet également que les individus ne sont pas des ardoises vierges sur lesquelles la société écrirait durant leur enfance. Gènes et nature jouent un rôle. Les études génétiques montrent ainsi que la société interagit avec le génotype afin d'influencer le comportement. En d'autres termes, le processus de socialisation délivre la norme acceptable – ou non – en fonction de la génétique de l'individu.

On observe donc un point crucial : les sociétés survivent si la majorité de leurs membres est positivement intégrée.

En conséquence, toutes les tribus possèdent des processus de socialisation exprimés ou informulés.

Lorsque nous entrons dans le véritable accomplissement au cours de l'œuvre au rouge, nous avons besoin d'apprendre à gérer les normes intériorisées de la société dans laquelle nous vivons. Il faut sans cesse nous poser la question suivante : « Cette exigence de ma tribu travaille-t-elle pour ou contre ma transformation ? »

Vous seul pouvez y répondre en fonction de votre « clan ». Fonction d'une multitude de facteurs, l'exigence de conformité pourrait dans certains cas accompagner votre envie de transformation. Mais dès lors que le *statu quo* social s'estime menacé, il s'efforcera activement de détruire vos tentatives d'évolution.

Par exemple, durant mon enfance, l'attitude à l'égard de la richesse et des riches était entièrement contrôlée par la classe socio-économique dans laquelle j'ai été élevé. J'ai découvert plus tard que cette attitude acquise me desservirait au cours de mon processus vers l'accomplissement véritable. En réalité, il s'agissait d'une force paralysante contre laquelle j'allais devoir me dresser.

En ce moment, de nombreux médias critiquent les *millennials*, cette génération de trentenaires à qui tout serait dû, notamment l'argent et les privilèges. Peut-être à juste titre. Toutefois, en tant que *baby boomer*, né après la Seconde Guerre mondiale, élevé dans la classe laborieuse britannique, j'ai connu l'expérience inverse. J'avais le sentiment de n'avoir le droit à rien, ce qui engendre ses propres conséquences complexes.

Remettons le récit brièvement dans son contexte. Je suis né en Grande-Bretagne, sept ans après la fin de la Seconde Guerre mondiale. Le Blitz – le bombardement aérien des villes – avait détruit les maisons de mes parents quand ils étaient encore adolescents. Les deux familles avaient tout perdu : pas seulement leur foyer, mais aussi tous leurs biens. La maigre assurance qu'elles avaient contractée ne couvrant pas les actes de guerre, elles ont dû repartir à zéro, sans aucune économie. Mes grands-parents, malgré leurs hautes qualifications, touchaient un salaire de misère.

Pendant mon enfance, il y avait toujours des tickets de rationnement qui permettaient de s'alimenter en biens de première nécessité, viande, thé, confiture, biscuits, céréales de petit déjeuner, fromage, œufs, lait ou fruits. L'essence a été rationnée jusqu'en 1950, alors que moins de cinq pour cent des foyers possédaient un véhicule. Aux États-Unis, à la même époque, chaque famille disposait en moyenne d'une voiture.

Au cours de mes premières années, mes parents n'avaient pas beaucoup d'argent. Ils travaillaient d'arrache-pied dans des emplois à temps plein et, pourtant, nous avons vécu chez mes grands-parents jusqu'à mes deux ans, parce qu'ils ne pouvaient ni payer un loyer ni acheter une maison. Je me souviens encore de notre premier et minuscule logement. Mon père a ensuite économisé pour pouvoir installer une salle de bains dans la cuisine et nous offrir l'eau chaude. Dans les années 1950, la plupart des salles de bains dans les familles britanniques se trouvaient à l'extérieur. Nous avions une maison. Nous avions à manger. Et nous avions des vêtements sur le dos. C'était à peu près tout.

En raison de cet arrière-plan social, j'ai hérité d'une relation à l'argent compliquée qui prenait diverses voix, dont certaines conflictuelles. En ce qui me concerne, l'argent n'a pas de valeur objective et s'entremêle plutôt avec mon statut au sein de la société où j'ai grandi. Pour moi, enfant, puis adolescent, sa valeur correspondait à la position qu'elle donnait à ma famille dans la société. Or, dans notre cas, elle s'avérait assez basse. L'argent avait acquis une double signification : par jalousie, je méprisais la fortune quand elle appartenait à autrui ; de peur, je méprisais la pauvreté, car elle représentait ce à quoi nous tentions d'échapper. Je me souviens de ce sentiment d'être bloqué à ce faible niveau de revenu... et qu'il s'agissait de notre sort.

En conséquence, je n'ai jamais cru mériter d'être riche ou même d'en avoir le droit. J'avais une éthique monétaire spartiate et sans joie : travailler dur, afin de pouvoir mettre un toit sur ma tête et du pain sur la table.

Alors, certes, j'ai été le premier de ma famille à aller à l'université et à accéder à un « bon métier », mais l'argent ne constituait pas mon moteur. En réalité, j'étais si mal rémunéré en tant que professeur dans le secondaire que je recevais des aides afin de payer le loyer. Je ne me posais même pas de questions.

Bref, je ne m'attendais pas à devenir riche. D'ailleurs, en raison du processus de socialisation vécu à travers ma famille, l'école et mes pairs, je m'étais résigné à ne jamais l'être. Et je l'ai ruminé pendant de nombreuses années, jusqu'à ce que j'entre dans l'œuvre au rouge !

Un sentiment nouveau a émergé au sujet de mon attitude à l'égard de l'argent. Pour la première fois, je l'ai considéré de façon neutre et non comme l'indicateur d'un statut social. Ne pas aspirer à la richesse s'apparentait à l'un des mécanismes de défense que j'avais acquis pour supporter de ne pas être capable d'atteindre un niveau de vie que mes parents avaient envié chez d'autres. Je crois qu'il s'agit de l'origine du sentiment que j'entretenais de ne pas avoir le droit à cette aisance. Et c'est une défense que j'avais intégrée.

Désormais, je m'interrogeais. Je ne devais pas avoir peur de devenir riche. Pourquoi ne pas avoir autant d'argent que possible ? J'ai poussé un cran plus loin cette idée : pourquoi ne pas avoir le même train de vie que ces gens que mes parents méprisaient ? Allaient-ils me mépriser si j'y arrivais à mon tour ? Sans doute pas.

J'ai décidé de changer mon rapport à l'argent.

Je pense qu'une autre illustration tirée de mon expérience pourrait également vous être utile. En progressant dans l'œuvre au rouge, je suis devenu plus conscient de mon attitude face à la richesse. J'ai découvert à cette occasion que je cultivais le sentiment d'avoir été déshérité. Le seul fait tangible que je pouvais rattacher à cette impression concernait la perte financière subie par mes parents pendant la guerre. Toutefois, il me semblait que j'avais été privé d'une richesse bien plus importante et cette intuition persistante m'a conduit à penser que sa racine plongeait bien plus loin dans ma famille. Or, je n'en avais aucune connaissance au-delà de mes grands-parents. J'ai alors commencé l'enquête.

Je n'ai pas mis longtemps pour découvrir deux éléments cruciaux.

Du côté paternel, mon grand-père avait été abandonné par son père dans un hospice victorien de Dublin, en Irlande, avec sa mère et son frère. Logés, nourris, ils dépendaient de la paroisse locale, tandis que mon arrière-grand-père vivait à l'abri du besoin dans un quartier respectable. J'ignore tout de la cause de cet abandon.

Du côté maternel, j'ai découvert une histoire encore plus surprenante, mais riche d'enseignements pour ce livre. Je ne savais rien de mon grand-père maternel sinon qu'il venait du Leicestershire, en Angleterre. J'ai donc effectué quelques recherches en ligne et j'ai déniché le berceau de la famille, un minuscule village. On en retrouvait des traces près de quatre siècles plus tôt. La maison existait toujours, habitée par les descendants de ceux qui l'avaient achetée à mes ancêtres putatifs.

Or, au moment de cette découverte, je traversais la région pour affaires. Qu'avais-je à perdre à visiter ce village et cette maison ? En arrivant, je suis tombé sur un manoir construit en 1620, quand les premiers Pèlerins ont débarqué en Amérique.

Autour de la vaste demeure, des hectares de terres arables abritaient les habitations, construites par le propriétaire pour les fermiers et les métayers. J'ai garé ma voiture sur l'allée de gravier devant la magnifique résidence et j'ai frappé à l'antique porte de chêne.

À l'intérieur, une voix féminine s'est élevée : « Je peux vous aider ?

— Navré de vous importuner, me suis-je excusé en reculant pour observer l'élégante lady qui, à l'étage, venait d'ouvrir une fenêtre au linteau gravé, l'un des nombreux détails qui faisaient tout le charme de cette imposante bâtisse. Bonjour ! ai-je poursuivi maintenant qu'elle pouvait me voir. Elle se trouvait manifestement dans la cuisine et tenait un éplucheur. J'ai l'impression que vous êtes occupée à préparer le repas, mais je suis de passage dans la région et j'ai des raisons de croire que cette demeure appartenait autrefois à mes ancêtres.

— Ah, vraiment ? Elle m'a dévisagé d'un air interrogatif. Votre nom ?

— Beaumont. Le nom de jeune fille de ma mère. »

Elle n'a rien dit pendant un instant, puis s'est retournée et s'est mise à interpeller quelqu'un qui se trouvait à l'intérieur.

« Henry ! Il y a un Beaumont à la porte ! Puis, en s'adressant à moi : Ne bougez pas, nous sortons ! »

J'ai rebroussé chemin vers la grandiose entrée, tandis que Lady Theresa Pemberton et sir Henry Pemberton descendaient de l'étage.

« Theresa, s'est-elle présentée en me serrant la main. Et voici mon époux Henry.

— Colm Holland. Ma mère s'appelait Beaumont et, d'après mes recherches, nos ancêtres habitaient probablement dans la région.

— C'est sans doute le cas ! Elle a souri. Les Beaumont possédaient en effet le manoir. D'ailleurs, ils l'ont fait construire voici quatre cents ans. Une très grande famille. Des dizaines de Beaumont résident encore non loin d'ici. D'où venez-vous ? »

Je lui ai expliqué où avaient récemment habité les miens, du temps de mes grands-parents. De nouveau, elle a souri quand je lui ai appris que je ne remontais pas plus loin dans mon arbre généalogique.

« C'est votre voiture ? m'a demandé Lady Theresa en désignant mon véhicule dans l'allée.

— Oui, ai-je répondu, intrigué par cette question.

— Prenez le volant ! Je vais vous guider. Je voudrais vous montrer quelque chose à l'église du village. Puis, en se tournant vers son époux, elle lui a donné ses instructions : Henry, n'oubliez pas de sortir les pommes de terre du four. Nous ne serons pas longs ! »

Lorsque Lady Theresa s'est approchée, j'ai eu l'impression de m'être quelque peu imposé. « Je ne voulais pas vous déranger. » Puis, j'ai salué sir Henry de la main avant de la rejoindre dans la voiture où elle s'était déjà installée, côté passager.

Tandis que je roulais sur l'allée qui sortait du manoir vers le village, elle m'a bombardé de questions. « Racontez-moi tout. Êtes-vous marié ? Combien avez-vous d'enfants ? Où vivent-ils ? Que faites-vous dans la vie ? » L'interrogatoire se voulait amical et je donnais des réponses aussi brèves que possible.

J'ai eu très vite le sentiment que lady Theresa et moi nous connaissions depuis très longtemps. Elle m'a expliqué que les Beaumont possédaient de vastes terres dans le Leicestershire durant le règne des Tudors, avant de céder le manoir et la majeure partie du domaine à la famille de sir Henry Pemberton, en 1660. Je le savais déjà. En revanche, j'ignorais pourquoi ils avaient vendu. Je souhaitais découvrir comment les Pemberton les avaient acquis. Je cherchais toujours l'indice du déshéritement.

Nous roulions dans un paysage de carte postale et nous sommes arrivés dans un village typiquement anglais lors de cette douce soirée d'été. Je me suis garé sur le parking de l'église au centre du hameau, cerné par des pâturages à perte de vue. J'avais l'impression d'être remonté dans le temps, à une époque où le seigneur du manoir possédait tout ce que le regard pouvait embrasser et même au-delà.

« Vos ancêtres ont bâti l'église d'origine et la famille de Sir Henry l'entretient depuis des siècles. Ne bougez pas, je vais chercher la clé. » Lady Theresa s'est avancée vers un cottage voisin et m'a laissé tout à ma contemplation.

S'il s'agissait réellement du berceau de mes ancêtres, leur fortune dépassait tout ce que j'avais pu imaginer. « Mes ancêtres étaient riches ? » Une pensée inédite que je commençais à accepter au moment où Lady Theresa est revenue. Elle a déverrouillé la porte et m'a fait entrer dans l'église, dépouillée, aux murs chaulés, sans vitraux et sans peintures. Elle ne présentait qu'un simple autel en pierre sous une fenêtre épurée, côté est.

« J'imagine que tous les objets du culte ont été arrachés par les forces du Parlement pendant la Première révolution, ai-je commenté.

— Eh bien, non ! s'est-elle exclamée en secouant la tête. En réalité, votre ancêtre le plus célèbre était un puritain et lorsqu'il a fait bâtir cette église, elle n'était pas différente de ce qu'elle est aujourd'hui. Il ne prisait guère les crucifix ou les représentations de la Vierge. Elle m'a souri avant de poursuivre. Voilà ce que je voulais vous montrer. » Elle a pris une nouvelle clé et a ouvert la porte d'une petite pièce boisée, la sacristie.

Tandis que je me faufilais entre les piles de chaises et de cartons, j'ai soudain remarqué deux statues grandeur nature. Un chevalier en armure et une femme vêtue de ses plus beaux atours. Au-dessus, dans un cadre en verre, j'ai lu cette inscription :

« Dans ce tombeau d'albâtre gisent le seigneur du domaine Sir John Beaumont (mort en 1621) & Lady Francesca Beaumont (morte en 1629). »

Allongées, les mains jointes en prière, ces représentations reposaient sur le caveau de pierre qui abritait la dépouille de mes ancêtres. Juste à côté, un bas-relief montrait cinq chevaliers en armure, une jeune femme et un enfant, revêtu d'un linceul.

« Comme vous le voyez ici, m'a expliqué Lady Theresa, Sir John a eu cinq fils devenus adultes, une fille qui a épousé un dignitaire local et une autre fille morte peu après sa naissance. Vous descendez sans doute de l'un de ses garçons. »

J'étais bouleversé. J'étais venu pour nouer des liens avec le passé de ma famille, mais jamais je n'aurais pu imaginer aller aussi loin. Là, à quelques centimètres de moi, gisaient les dépouilles de mes ancêtres. Non seulement ils détenaient une immense fortune, mais ils possédaient également un très haut rang dans la société.

« Pourquoi pensez-vous qu'ils ont vendu le domaine aux Pemberton ? » me suis-je alors enquis.

Lady Theresa m'a répondu : « Il semblerait que le gentilhomme ici présent ait dépensé énormément d'argent en construisant le manoir. Il ne s'agit pas de pierre locale, elle a été transportée dans des chariots depuis les Cotswolds à plus de cent cinquante kilomètres. Ce qui a dû lui coûter une véritable fortune et l'a peut-être mené à la faillite. Mais, il existe une autre théorie, un peu plus dramatique. »

Elle a surpris dans mon regard une étincelle de curiosité mêlée de plaisir et a poursuivi : « Le fils aîné, également appelé John, a hérité du domaine. Il s'agissait de l'un des premiers chefs de la rébellion parlementaire contre le roi Charles Ier. Il menait l'armée locale qui a battu les forces du roi, avant sa décapitation.

À la restauration de la monarchie avec Charles II, John Beaumont, recherché, a vendu les terres et s'est enfui en Amérique pour y rejoindre les puritains. »

Elle s'est interrompue pour contempler la gravure des cinq chevaliers en armure.

J'ai rebondi. « Donc, c'est probablement le fils à l'extrême gauche et, s'il s'est échappé en Amérique, alors il ne peut être mon ancêtre direct. Je descends de l'un des quatre autres. Quoi qu'il en soit, si ma famille a fait faillite et que certains de ses membres ont fui vers le Nouveau Monde, les autres ont sûrement dû travailler dur pour vivre. »

Lady Theresa et moi sommes restés silencieux par respect pour les existences que les personnages représentés devant nous avaient dû mener.

« Vous devriez savoir, a-t-elle ajouté, que vous êtes seulement le deuxième Beaumont nous ayant rendu visite de mon vivant, ce qui, vous en conviendrez, ne nous rajeunit pas. Voici une vingtaine d'années, une Américaine affirmant descendre de la branche américaine de la famille est passée nous voir. Je l'ai emmenée ici afin de lui présenter ses ancêtres. Ce qui viendrait confirmer la théorie de la fuite outre-Atlantique. La plupart des habitants de la région ignorent la localisation de ce caveau et nous n'en parlons guère pour le protéger des vandales.

— Je vous remercie, Lady Theresa ! me suis-je exclamé. Au nom de tous mes parents qui ne connaissent pas l'existence de cette tombe, je vous suis extrêmement reconnaissant pour le soin que la famille de votre époux a témoigné pour la préserver. J'y contribuerai, également, en vous promettant de ne pas mettre toutes les photos que je viens de prendre sur Facebook ! »

Nous avons éclaté de rire tous les deux, avant de revenir à la voiture. J'ai proposé de la raccompagner au manoir.

« Merci, je vais marcher, m'a-t-elle répondu. Je vais m'entretenir avec le gardien des clés au sujet du café matinal à l'église. Bonne route. N'hésitez pas à repasser nous voir. » Elle m'a serré la main et s'est éloignée.

Tandis que je roulais vers la ville la plus proche, j'ai pris conscience d'un étrange phénomène. Quarante ans plus tôt, alors que j'étudiais à l'université non loin d'ici, j'avais enseigné quelques semaines à l'école locale, dans le cadre d'un stage de formation. À mon insu, elle se trouvait à moins de cinq kilomètres du foyer de mes ancêtres ! J'avais été professeur sur une terre que ma famille avait autrefois possédée, sans même le savoir. Un nouveau signe d'une découverte essentielle.

J'ai arrêté ma voiture devant l'école et j'ai médité sur ce qui venait de se produire, en moins d'une heure, lors de cette douce soirée estivale. Au cours de mon œuvre au rouge, j'avais bataillé de toutes mes forces contre le sentiment d'avoir été déshérité d'une immense fortune sans en avoir la moindre preuve tangible. Désormais, je détenais une explication qui me permettait de combler un certain nombre de plaies émotionnelles béantes. Je me demandais s'il était possible que je ressente inconsciemment les effets d'événements vécus par mes ancêtres. Ce souvenir s'était-il transmis génétiquement d'abord à mes parents, puis à moi-même ?

Je connaissais très bien mes grands-parents maternels et je savais pertinemment qu'ils n'avaient jamais revendiqué un quelconque héritage aristocratique. Aucune rumeur, aucune anecdote n'évoquaient la perte d'une grande fortune et d'un rang social. Mon seul indice provenait de mon propre sentiment de perte. Il m'avait incité à demander à l'Amour de me montrer pourquoi mon comportement à l'égard de l'argent était fondé sur ce préjudice.

De nouvelles questions aussi importantes se sont alors bousculées. Quel impact ce sentiment de déclassement avait-il encore maintenant sur mon attitude vis-à-vis de l'argent ? Portais-je en moi un ressentiment, une rancœur ancestrale qui me désorientait ? Croyais-je inconsciemment qu'il me serait toujours impossible de récupérer la richesse que ma famille avait autrefois possédée ?

Tandis que je réfléchissais assis au parcours des miens depuis quatre cents ans, mon cœur m'a parlé : « Parce que tu as choisi la voie du véritable accomplissement, tu retrouveras la fortune familiale, tu la décupleras d'une manière que tu ne peux imaginer, non seulement pour toi, mais aussi pour tes descendants. Tu dois rester concentré sur la création de ta pierre philosophale. »

Mon cœur s'est arrêté de battre pendant une seconde tandis que j'entrevoyais cet avenir. Il me faudrait trouver une arme puissante pour combattre un sentiment de perte si fort et pour l'empêcher de façonner mon futur.

Mon objectif dorénavant : ne plus perdre d'argent !

Pour y parvenir, mon expérience de l'œuvre au rouge s'était couverte du sang de toutes les pensées négatives mortes, à mesure que je les détruisais l'une après l'autre.

La transformation vers le véritable accomplissement peut, si nous le souhaitons, intégrer la prospérité financière. L'argent, bien que neutre, se révèle également une forme de pouvoir. Il détient cette puissance, parce qu'il s'agit d'un moyen de générer des conditions bénéfiques pour quiconque gravite dans notre sphère d'influence.

S'affranchir de la faim, de la maladie, de la servitude et de la précarité sont des bénéfices évidents de l'argent quand on l'emploie pour faire le bien. Et, bien entendu, l'inverse est également vrai lorsque la poursuite de la richesse provoque des catastrophes. Pourtant, comme l'Amour veut que nous nous transformions vers le véritable accomplissement, nous disposons du pouvoir de créer de la richesse.

Si nous choisissons d'inclure l'aisance financière parmi les résultats attendus de notre accomplissement, l'Amour nous ouvrira le chemin dès lors que nous sommes prêts à livrer le combat intérieur contre les doutes et les comportements qui nous privent de ce pouvoir. Souvenons-nous : Santiago sort de la bataille de l'oasis avec une bourse remplie d'or. La même chose pourrait nous arriver !

Nous devons rester concentrés sur la création de notre pierre philosophale.

Dès lors que j'entends ou je perçois dans mes pensées ou mes sentiments une insécurité à propos de l'argent, j'utilise une arme. D'abord, je la qualifie de mensonge. Ensuite, je répète comme un mantra, les mots attribués à Jésus de Nazareth. « Il leur disait : "Faites attention à ce que vous entendez. C'est la mesure dont vous vous servez qui servira de mesure pour vous, et il vous sera donné plus encore. Car à celui qui a, il sera donné ; et à celui qui n'a pas, même ce qu'il a lui sera retiré." » (Marc 4 : 24-25.)

À méditer

L'œuvre au rouge exprime la conception d'une véritable identité, l'union des puissances masculines et féminines capables de s'attaquer au monde entier et de triompher des ennemis intérieurs. Arrivé à cette étape, vous pouvez habiter votre nouveau pouvoir, découvert au cours des œuvres au noir et au blanc. L'Amour est là qui vous inspire et vous guide afin d'identifier, puis de défaire la négativité interne qui vous empêcherait d'entrer dans votre véritable accomplissement.

Dans mon exemple, je me suis concentré sur ma relation à l'argent et à la richesse. L'argent ne vous pose peut-être pas de problème. Mais le processus que j'ai présenté pour reconnaître la négativité peut également s'appliquer à d'autres domaines destructeurs existants dans votre vie.

Vous pouvez vous débattre dans un doute chronique au sujet de vos relations, amours et amitiés. De petites voix peuvent vous chuchoter que vous n'aurez jamais l'espoir de mener une existence heureuse à cet égard, et que vous devrez vous contenter de pis-aller. C'est un mensonge, bien entendu ; si vous entendez ces voix durant l'œuvre au blanc, vous les affronterez au cours de l'attaque tous azimuts contre la négativité qui se produira pendant l'œuvre au rouge. Il vous faudra détruire ces pensées. Souvenez-vous qu'il est inutile d'essayer de les raisonner ou de faire des compromis. La mort de la négativité est la seule réponse pour trouver l'or de l'épanouissement.

Vous doutez peut-être de votre créativité. Pourtant, les mêmes principes s'appliquent : tandis que vous progressez dans l'œuvre au noir, puis au blanc, vous afficherez un bilan réaliste de vos dons et de vos talents, et de votre capacité à satisfaire le rêve d'une vie créative. Elle ne prendra peut-être pas l'aspect que vous aviez imaginé, mais elle se produira si vous vous préparez à travailler sans désemparer et si vous laissez l'Amour vous montrer le chemin. Les obstacles qui se dressent devant vous se composent des forces négatives de votre tribu qui vous exposera une infinité de raisons pour lesquelles votre rêve ne pourra pas se réaliser. Vous en aurez déjà intégré certaines, mais d'autres surviendront à ce moment. Quoi qu'il en soit, ces pensées incarnent l'ennemi que vous devez anéantir. Souvenez-vous de ne montrer aucune pitié !

Le contexte et les détails de votre œuvre au rouge sont uniques. Vous seul pourrez affronter vos épreuves et vos batailles contre la négativité et en triompher.

Mais voici la bonne nouvelle : ces forces intérieures destructrices qui paraissaient invincibles, vous pouvez désormais les abattre. Victorieux, vous irez de l'avant, votre trophée en perspective : la réalisation de vos rêves.

Cette bataille ne sera pas menée par des âmes trop sensibles. Mais vous ferez une grande découverte : vous pensiez avoir la faiblesse du mouton en route vers l'abattoir, en réalité vous avez le courage du lion, prêt à dévorer chaque occasion favorable !

Avant de poursuivre, je voudrais brièvement réfléchir au concept d'occasion favorable, d'opportunité. Dans le récit de Santiago apparaît une leçon importante. Le jeune homme comprend que la vision des éperviers signifie qu'il bénéficiera de l'occasion de gagner une fortune. Parce qu'il suit son interprétation et l'utilise au profit de l'oasis, il obtient l'or nécessaire pour la prochaine étape de son voyage.

L'occasion de se transformer se présentera d'elle-même, au bon moment. Si vous savez la reconnaître et si vous agissez en conséquence, alors elle produira un trésor. L'anecdote que je vous rapportais plus haut au sujet de mon premier poste de commercial est un exemple d'une aubaine relativement facile à saisir. Pourtant, j'ai dû effectuer un travail interne harassant pour être capable d'en exploiter le bénéfice.

Lorsque j'ai su ce que je souhaitais, le travail interne que j'avais investi dans ma transformation m'a permis de m'aligner avec cette opportunité.

Une occasion favorable se présentera lorsque tous les éléments seront en place. Elle surviendra quand vous serez engagé dans le travail interne de transformation avec un objectif clair en tête et que vous ouvrirez votre cœur afin de pouvoir observer son apparition.

Je vous incite à creuser au plus profond de vous-même et à trouver le courage d'affronter vos ennemis intérieurs, ces pensées qui non seulement se dressent sur le chemin de votre progrès alchimique, mais veulent en outre vous priver de vos rêves. Et tandis que vous lisez ces lignes, sachez que j'ai demandé à l'Amour de vous offrir l'occasion favorable adaptée à ce moment de votre vie, afin que tout ce que vous désiriez finisse par se produire.

CHAPITRE 9

L'ALCHIMISTE

Dans les trois chapitres précédents, j'ai évoqué l'importance des œuvres au noir, au blanc et au rouge dans le processus alchimique. Chacune de ces phases s'avère essentielle pour créer la pierre philosophale. Dans ce chapitre, je vais souligner le caractère déterminant de l'avant-dernière étape vers le trésor que vous convoitez, le véritable accomplissement.

Notons que les alchimistes ne la définissent pas aussi clairement que les autres. En effet, il s'agit moins du processus que des personnes impliquées dans le processus. C'est-à-dire des alchimistes eux-mêmes et de l'héritage qu'ils ont transmis. Il nous faut également comprendre pourquoi ils se montraient si prudents quant au partage de leur connaissance.

Je ne vous suggère absolument pas de rejoindre maintenant une quelconque société secrète d'alchimistes. D'ailleurs, si elle existe, je ne suis pas au courant ! Et, de toute façon, comme disait Groucho Marx : « Jamais je n'appartiendrai à un club qui m'accepterait comme membre ! »

Bien que cette étape soit moins spectaculaire que l'intronisation dans une confrérie ésotérique, elle n'en est pas moins fascinante. Suivre un alchimiste ayant déjà travaillé au processus alchimique et obtenir sa reconnaissance et son soutien semblent désormais nécessaire.

C'est une vérité, quelle que soit l'indépendance que nous avons affichée au cours de notre transformation ; nous devons maintenant croiser le chemin d'un alchimiste afin de compléter le processus. Les raisons en paraîtront plus claires dès lors que nous explorerons brièvement la lignée de quelques alchimistes, notamment arabes.

*

Dans le monde contemporain de la logique, de la raison et de la science, comment retrouver le contact avec les enseignements des anciens alchimistes ? Où pourrions-nous nous inspirer de leurs intuitions et des secrets qu'ils détenaient ? *L'Alchimiste* est l'ouvrage, révélant les principes gravés sur la Table d'émeraude, à la fois le plus connu et le plus lu. Or, la relation la plus significative du récit survient entre Santiago et l'alchimiste qui apparaît précisément au moment où le jeune homme a besoin de lui.

Tandis que la caravane pénètre dans l'oasis, l'alchimiste observe l'arrivée de Santiago et de l'Anglais. Nous sommes dans le secret de ses pensées et comprenons qu'il a vu autant de rois que de paysans traverser le désert et atteindre l'oasis, parce qu'il vit depuis très longtemps. À ce moment, il n'a qu'une préoccupation : découvrir la personne désignée par les signes comme étant celle qu'il doit aider en lui transmettant le Langage du Monde. Il se demande d'ailleurs pourquoi son assistance doit passer par un processus alchimique oral, plutôt que par l'écrit ou tout autre moyen de communication. Ce qui souligne un détail révélateur : seule la vie enseigne en dernier ressort ce dont l'apprenti alchimiste a besoin. Quant au vieil alchimiste, son travail consistera à donner à Santiago un ultime encouragement pour franchir le dernier pas vers sa véritable destinée. Et cette tâche, il doit l'accomplir en personne.

Santiago sort de la tente des chefs, après qu'il a partagé sa vision de l'attaque surprise, et réfléchit aux conséquences qu'il devra assumer : l'or s'il a raison ou la mort s'il s'est trompé. Alors, il prend conscience qu'il n'en a plus peur. Le temps passé dans le désert l'a libéré. C'était sa plus grande crainte ; désormais, il est capable de la regarder en face sans broncher. À cet instant précis, l'alchimiste entre en scène.

Santiago croit d'abord qu'il s'agit d'un ennemi cherchant à le tuer parce qu'il a prévenu les chefs de leur imminente invasion.

L'alchimiste défie Santiago en mettant à l'épreuve son courage, sa détermination et sa concentration. Le jeune homme tient bon face à cette démonstration de force. L'alchimiste l'invite alors à lui rendre visite. Si, bien entendu, il est encore en vie à la nuit tombée.

Santiago survit et possède désormais assez d'or pour terminer son voyage vers les pyramides. Comme prévu, il retrouve l'alchimiste et l'interroge : pourquoi souhaitait-il le revoir ? Le vieillard lui annonce que le vent lui a demandé de l'aider. Santiago imagine alors qu'il va recevoir les instructions qui lui permettront de déterrer son trésor.

Au lieu de cela, l'alchimiste lui explique qu'il ne lui donnera aucune consigne. Mais il invite Santiago à l'accompagner dans le désert le jour suivant afin de lui lancer un défi qui révélera s'il est prêt à accomplir sa destinée. À l'aide de sa seule intuition, le jeune homme devra trouver la vie dans cet environnement hostile. L'alchimiste veut savoir si le berger est capable de lire le désert. S'il y arrive, il le prendra comme apprenti.

Santiago surmonte l'épreuve en observant la réaction de son cheval devant un trou ménagé entre des pierres. L'alchimiste plonge le bras et en sort un naja. C'est le signe qu'il attendait. Santiago devient dès lors son apprenti.

L'alchimiste questionne le jeune homme : tient-il vraiment à trouver son trésor ? Il découvre à cette occasion que Santiago se contente de ce qu'il a, l'amour de Fatima et un peu d'or, plutôt que de chercher le grand trésor qui pourrait être le sien. L'alchimiste lui fait clairement comprendre que le berger pourrait certes s'en accommoder, mais que ce chemin déjà parcouru ne peut rivaliser avec le trésor qui l'attend. Il a perdu de vue sa véritable ambition ; un jour, ce manque d'enthousiasme le rattrapera et, comme tant d'autres rêveurs, le frustrera. L'alchimiste sous-entend également que Santiago risque de manquer de temps s'il continue de procrastiner. En outre, une nouvelle menace plane : celle de ne jamais trouver son trésor. Si Santiago montre sa détermination, l'alchimiste l'accompagnera sur son chemin.

Santiago contemple son œuvre et les dangers qu'il a affrontés là. Alors, contrairement à ce qu'il vient d'exprimer, il décide d'écouter son cœur et de suivre l'alchimiste dans le désert vers les pyramides. Il saisit l'occasion. S'il n'entreprend pas cette dernière étape, il ne saura jamais si le trésor existe. Toutefois, il devra affronter les dangers de la guerre tribale et s'aventurer hors de l'oasis et de la sécurité qu'elle lui prodigue, loin de Fatima.

Reste une question : que gagne Santiago en passant du temps avec l'alchimiste ?

Tandis qu'il le guide dans le désert, il en profite pour rappeler à Santiago ce que celui-ci connaît déjà au sujet de l'alchimie, mais il l'aide aussi à entendre la voix la plus importante de sa vie : celle de son cœur ! Santiago doit comprendre qu'il ne pourra jamais échapper à son cœur. Mieux vaut donc l'écouter. C'est le meilleur conseil qu'on puisse lui donner. En effet, le but ultime de l'apprenti alchimiste réside dans l'unité de cœur et de l'esprit, et de cette union résulte l'action.

Ils traversent alors le désert pendant sept jours et l'alchimiste aide Santiago à prêter attention à son cœur et à l'accepter tel qu'il est – car le cœur a parfois peur de la souffrance, il se plaint de temps à autre, mais il n'est jamais silencieux. Il lui enseigne également que la peur de la souffrance est pire que la souffrance elle-même. C'est pourquoi, explique l'alchimiste, nous ne pouvons entièrement nous fier à notre cœur quand nous devons sortir de notre petit confort.

Santiago apprend à laisser son cœur s'exprimer, mais lui répond quand il manque de courage. En vérité, sous la tutelle de l'alchimiste, il demande à son cœur de ne pas être effrayé, parce que Dieu et l'éternité lui montrent le chemin dans la quête de son trésor. À ce moment, le cœur de Santiago avoue tout connaître des rêves et du trésor, et convient avec le berger qu'il est sur la bonne voie. Enfin, l'alchimiste acquiesce. Il attendait que Santiago atteigne cette unité interne – quand le cœur se joint à l'Âme du monde – avant de l'aider à trouver son trésor. À cet instant crucial – celui où la plupart des apprentis renoncent –, le cœur de Santiago est désormais capable de le guider vers son trésor véritable.

D'évidence, l'alchimiste appartient à l'école arabe de l'alchimie, à laquelle se rattachait également Jung. Plus tôt dans l'histoire, l'Anglais a mentionné cette connexion arabe lors de sa première rencontre avec Santiago. Un de ses amis archéologues, au cours d'une fouille, avait entendu parler d'un alchimiste doté de pouvoirs miraculeux. On dit de lui qu'il a deux cents ans, qu'il connaît l'Europe, qu'il peut transformer le plomb en or et qu'il a découvert la pierre philosophale. J'en déduis que l'alchimiste du récit incarne cette tradition arabe qui remonte jusqu'à Thot en personne.

Voici donc une leçon à retenir. Tout ce que Santiago a appris et entrepris sur la voie de son véritable accomplissement l'a conduit à ce degré de maturité, sans cesse mis à l'épreuve tout au long de l'histoire. Son interprétation du comportement des éperviers et sa découverte du naja en attestent. Le récit nous envoie un message très direct : les lectures, les conseils d'experts, les échanges avec d'autres voyageurs, les séances chez le thérapeute ou les autoanalyses, et même la poursuite de ses rêves n'ont de valeur que si nous les vivons dans le vrai monde. Le monde de tous les jours, au sein de la société ou de la nature. D'un instant à l'autre, nous devons être capables d'interpréter les signes que l'Amour nous offre à travers le Langage du monde.

L'alchimie n'est ni une théorie, ni une religion, ni une philosophie, ni une thérapie. C'est mener sa vie à fond dans le monde, avec toutes les surprises qu'elle nous réserve. Déceptions, victoires, défaites, épreuves et récompenses. L'alchimie n'est pas une autre dimension dans laquelle nous pourrions disparaître. Elle ne nous offre pas une existence illusoire ou un état paranormal. Elle nous fait nous investir dans la vie avec tout ce qu'elle apporte de souffrance et de joie. Notre destin, nous enseigne l'alchimiste dans le récit de Paulo Coelho, s'inscrit autant dans le processus que dans le trésor. Mais nous voilà rassurés : nous ne sommes pas seuls. L'Amour nous soutiendra, car il se trouve au cœur de tout ce que nous entreprendrons.

Santiago apprend ainsi de l'alchimiste qu'il doit oser vivre dans la lumière de la connaissance qu'il a acquise. Il obtiendra l'assistance de l'Amour en se contentant d'observer un grain de sable ou la queue d'une comète. Mais, tout de même, il lui faut les yeux pour voir et les oreilles pour écouter. C'est ce que nous enseigne l'alchimie : voir et écouter. Elle nous procure les capacités nécessaires pour puiser dans le pouvoir de la vie qui existe en toute chose. Elle nous permet de trouver le courage d'affronter la peur de la mort.

L'alchimiste représente également l'incitation finale dont nous avons besoin pour repousser les doutes qui persisteraient au sujet de cette ultime étape. L'amour nous enverra cet encouragement au moment crucial. Les actes de l'alchimiste révèlent une vérité importante relative à l'essence et à la nature de cette ultime motivation. Attendez-vous davantage à l'exhortation du moniteur parachutiste qu'à l'aimable sollicitation du quidam nous demandant d'un air débonnaire : « Voulez-vous bien sauter ? » J'insiste : cet aiguillon évoquera moins la vieille tante qui nous offre un bonbon lorsqu'on s'est écorché le genou que le grand frère qui nous attrape par le col et nous ramène dans le feu de l'action. J'irai même jusqu'à dire qu'il prendra les visages les plus insoupçonnés, tel celui du harceleur qui nous défie et reste médusé quand on l'ignore. En d'autres termes, nous sommes incités à braver nos pires craintes et à ne pas les laisser nous empêcher d'avancer.

Le personnage de l'alchimiste représente cette facette de l'Amour qui puise dans notre courage et notre détermination pour nous pousser à continuer sur la voie, quelles qu'en soient les conséquences, et à affronter nos terreurs les plus profondément enfouies. Voilà ce que les anciens alchimistes avaient compris en plus de la nécessité que cette exhortation soit incarnée par une personne en chair et en os.

L'alchimiste doit pointer dans la direction de notre véritable trésor.

L'alchimiste personnifie un mentor ou, dans la tradition chrétienne, un parrain. Une fonction certes assez vague, mais essentielle à l'achèvement de notre apprentissage alchimique.

L'alchimiste arrivera à un moment crucial : le carrefour où nous nous interrogeons sur notre prochain pas ; l'instant où nous allons abandonner et renoncer à trouver notre véritable trésor.

Enfin, l'alchimiste joue un autre rôle fondamental, mais moins évident, dans l'étape finale de notre transformation. Mon étude de *L'Alchimiste* et mes recherches sur l'art de l'ancienne alchimie m'ont convaincu qu'il s'agit probablement du stade le plus important pour nous permettre d'atteindre notre véritable trésor.

En effet, nous aurons besoin que l'alchimiste pratique une « invocation » en notre nom.

Une fois que nous aurons établi le lien avec l'alchimiste de notre propre histoire et qu'il aura parlé à l'Amour pour notre compte, alors seulement serons-nous capables d'accomplir des miracles. Pourquoi ? Parce que l'alchimiste invoque ce que nous savons déjà afin que nous puissions passer l'épreuve finale, comme nous le verrons dans le prochain chapitre.

Dans ma préface, j'ai raconté ma découverte de *L'Alchimiste*, puis ma rencontre subséquente avec son auteur Paulo Coelho. J'ai expliqué comment Paulo avait interrogé Dieu au sujet du cadeau qu'il pouvait m'offrir. Paulo ne connaissait rien de moi, sinon que j'étais le directeur du marketing et des ventes chargé de son livre, et que j'avais eu l'intuition, après ma première lecture de son manuscrit, d'en tirer un grand nombre d'exemplaires.

Lors de notre entretien, il m'a expliqué que Dieu lui avait conseillé de passer une journée à prier pour demander à l'univers de me donner ce que je voulais le plus – et je n'avais plus qu'à décider moi-même de ce que je souhaitais ! En d'autres termes, il avait travaillé pour moi avec l'Amour afin que je sois capable de réaliser un miracle : faire tout ce que je désirais.

Pour moi, il s'agissait bien de mon « moment de l'alchimiste », rendu encore plus important parce que, jusque-là, j'ignorais tout de l'alchimie. Je n'avais pas conscience que la transformation interne et externe que je poursuivais depuis si longtemps suivait les principes du processus alchimique.

À l'unisson de cette réalité, il faut également noter que Paulo, lui non plus, n'en avait aucune connaissance. Il éprouvait simplement de la reconnaissance pour mon intuition au sujet du futur succès de son livre. Il croyait que j'avais écouté mon cœur et, en retour, il avait écouté l'Amour pour savoir quel meilleur cadeau m'accorder. Chaque jour, je lui en suis obligé.

Jusqu'à ce que j'étudie plus tard *L'Alchimiste*, j'ignorais également combien son récit illustrait en détail l'importance de ce moment de l'alchimiste.

Le rôle de l'alchimiste consiste à nous aider à interroger notre cœur. En effet, ainsi que Jésus de Nazareth le disait : « Car où est ton trésor, là aussi sera ton cœur. » (Matthieu 6 : 21.) Dans l'évangile de Matthieu, il s'agit d'une consigne d'ordre moral qui nous enseigne à ne pas nous concentrer sur le matériel au détriment du spirituel. Mais, hors contexte, c'est l'évidence : notre cœur et notre trésor se situent au même endroit. Ainsi, une vie épanouie est une vie dans laquelle notre esprit et notre cœur sont alignés vers un objectif commun.

Mais voici mon dilemme quand j'ai rencontré l'alchimiste. J'étais plein de reconnaissance pour le trésor que j'avais découvert tout au long de ma vie. Comme nous l'avons vu dans les chapitres précédents, j'avais travaillé sans désemparer – spirituellement, émotionnellement et pratiquement – pour atteindre certains buts avec succès. J'avais trouvé l'Amour et j'avais la chance d'avoir une famille heureuse ainsi que de mener une carrière rémunératrice.

Des accomplissements extraordinaires que je saluais avec gratitude et humilité. Pourtant, j'entendais toujours cette petite voix qui venait du plus profond et me chuchotait : « Mais... »

Oui, j'avais une compagne. Mais accepterait-elle mon besoin d'assouvir mes ambitions ultimes ?

J'avais une famille heureuse. Mais maintenant, je voulais prendre un risque financier.

J'avais le travail dont je rêvais, mais je désirais plus que tout monter ma propre affaire.

Alors, je me suis demandé d'où venait ce « mais... »

En fin de compte, j'ai trouvé la réponse en prêtant de nouveau attention à mon cœur.

S'il est vrai que notre cœur sait toujours où se cache notre trésor, il saura également quand le moment vient que nous découvrions notre or. Si nous avons sincèrement appris à l'écouter et que nous ne l'entendons pas dire « mais... », alors, l'instant de la célébration est arrivé. Une connaissance à la fois intime et inaltérable vous éclairera et vous comprendrez que vous avez atteint le véritable accomplissement. Il se confirmera par votre capacité à concrétiser des miracles.

L'alchimiste nous sert de catalyseur pour nous permettre d'entrer dans la phase finale du processus, au cours de laquelle nous pouvons plonger dans l'action et manifester le pouvoir de produire l'or, créer des trésors inestimables, réaliser nos rêves et accomplir des miracles.

Attention, toutefois, à l'une des leçons essentielles de *L'Alchimiste* : peut-être avons-nous cessé d'écouter notre cœur quand nous n'avons plus supporté de l'entendre crier : « Mais... » !

L'amour l'a inspiré pour qu'il veuille le meilleur. Dès lors que nous parachevons l'intégration de notre esprit et de notre cœur, les miracles surviennent.

Mon moment de l'alchimiste était arrivé. Le moment où ma vie a pris une nouvelle dimension. Et tandis que j'avançais et que j'écoutais mon cœur, d'innombrables miracles ont commencé à se produire.

J'étais désormais prêt pour la dernière étape du processus alchimique, où tout allait se manifester. Je vous en parlerai plus en détail dans le prochain chapitre.

À méditer

Parce que vous vous êtes engagé dans la voie de la transformation, l'Amour enverra l'alchimiste dans votre vie, précisément au bon moment. Félicitations ! Son intervention signifie que vous avez atteint un stade avancé de votre transformation. Enfin, votre cœur et votre esprit unis, vous menez une existence joyeuse dans la réalité de la vie.

L'alchimiste sera plus qu'un mentor. Il ou elle sera l'encouragement qui vous aidera à persévérer au moment où vous alliez abandonner. Votre alchimiste vous permettra de franchir la dernière étape et d'accomplir vous-même des miracles.

Il vous sera probablement étranger quand vous le rencontrerez pour la première fois. Envoyé par l'Amour au moment le plus opportun, il saura quoi faire en votre nom. C'est ainsi que le processus alchimique a traversé les millénaires depuis qu'il existe. On ne connaît pas de lignée écrite ou orale qui remonterait jusqu'aux premiers alchimistes, mais dorénavant – et c'est là une vérité extraordinaire –, vous faites vous-même partie de cette chaîne immémoriale.

Vous appartenez au plus vieux processus par lequel les humains ont pris conscience de leur rôle créateur dans le dessein cosmique.

Mais, bien entendu, vous le savez puisque vous êtes en harmonie avec votre cœur et l'Amour.

Vous êtes libre d'accepter l'aide de l'alchimiste ou de l'ignorer. Mais à coup sûr, ce moment ne vous surprendra pas. Votre alchimiste s'identifiera et vous vous engagerez tous deux vers un objectif à atteindre.

Cette relation ne connaît pas de formule préétablie. Elle peut être éphémère, comme dans mon cas, ou durable. Mais elle s'arrêtera à un moment donné.

Vous êtes unique et votre processus alchimique individuel vous appartient, sous la tutelle de l'Amour. Je me dois, cependant, d'ajouter un avertissement. Ce rapprochement ne se produira qu'une seule fois dans votre vie ! Il s'agira d'un événement unique, mais vous saurez quand il surviendra.

Ne vous attendez pas à voir une procession d'alchimistes défiler devant votre porte. Soyez attentif, c'est essentiel ! Comprenez qu'il vous faudra lui répondre si vous voulez avancer.

Ce qui arrivera entre vous et l'alchimiste sera façonné sur mesure par l'Amour. Mais un fait demeure certain : il détiendra la sagesse qui vous permettra d'achever votre transformation. Vous pouvez d'abord ignorer ce qu'il vous propose et, pourtant, il s'agit de la connaissance qui vous manque pour terminer cette dernière étape. Que vous répondiez immédiatement à cette sagesse ou ultérieurement ne tient qu'à vous. C'est entre vous et votre cœur. Si vous continuez de vous y désintéresser, alors comme l'alchimiste le dit à Santiago, vous finirez par renoncer à votre quête vers votre vrai trésor ; et, il sera trop tard.

Si vous acceptez l'aide de l'alchimiste, l'oraison qu'il formulera vers le cosmos et l'Amour vous sera unique.

Je vous apporte une dernière bonne nouvelle : l'Amour amènera l'alchimiste dans votre vie afin qu'il invoque ce que vous savez déjà. Et comme que vous répondrez à cette sagesse, vous vous apprêterez pour la grande épreuve.

CHAPITRE 10

LA GRANDE ÉPREUVE ET LA TRANSFIGURATION

L'objectif ultime des anciens alchimistes résidait dans la création de la pierre philosophale. Elle leur permettrait de modeler n'importe quelle substance selon la forme idéale qu'ils se représentaient mentalement, c'est-à-dire, tout ce qu'il pouvait imaginer.

Ils cherchaient la perfection de la matière et la pierre philosophale rendait cette quête possible. Elle pouvait soigner et transformer n'importe quelle substance en or. Les alchimistes nommaient « chimisation » cette capacité consistant à projeter ou à manifester dans l'existence leurs souhaits. La chimisation ne se réfère pas uniquement à l'objet transmuté, mais également à l'alchimiste, lui-même, transformé. Il s'agit de l'ultime épreuve pour juger des talents d'un alchimiste et très peu d'entre eux en ont été capables[1].

Naturellement, nous comprenons maintenant que la pierre philosophale est l'alchimiste.

Le pouvoir de changer, de créer à partir de rien, de transformer le banal en précieux, réside dans l'alchimiste. Les alchimistes s'investissent dans la transformation intérieure depuis des millénaires afin de pouvoir apporter une modification analogue au cœur

1. Voire à ce sujet, Marie-Louise von Franz, *Alchemy : An Introduction to the Symbolism and the Psychology.*

du monde. Raison pour laquelle ils travaillent d'arrache-pied pour atteindre ce moment.

Le moment où de véritables miracles se produisent !

Il me paraît utile de rappeler quelques principes importants sur la façon qu'avaient les alchimistes – ainsi que les scientifiques contemporains – de considérer leur faculté de contrôler la nature de la matière. Et le meilleur angle pour commencer cette brève évocation se situe dans le domaine de la physique quantique.

La physique quantique, mécanique quantique ou théorie des quanta, affirme que toute matière est constituée de quanta – c'est-à-dire de paquets d'énergie – découverts lors des recherches sur la nature de la lumière.

Richard Feynman, l'un des fondateurs de la théorie, prix Nobel de physique en 1965, déclarait : « Je crois pouvoir dire sans risque de me tromper que personne ne comprend la mécanique quantique[1]. »

On peut également affirmer sans crainte que notre concept mécaniciste de la réalité, tel que décrit par des scientifiques comme Newton, par exemple, est resté incomplet jusqu'au XXe siècle. Alors, d'éminents physiciens, à l'époque d'Einstein, ont découvert que, contrairement à notre perception, le monde n'est pas solide et immuable. En réalité, il est sans cesse façonné par un flux chaotique d'énergie quantique guidé par nos attentes de ce qui doit être, à un moment donné. Par exemple, dans le cas de la lumière, les scientifiques ont conclu qu'elle est constituée à la fois d'ondes et de particules. Ce qui s'explique, selon Einstein, par l'existence des photons, les « paquets » d'énergie, qui la composent. Un photon transporte une énergie proportionnelle à la fréquence d'onde de la vitesse de la lumière, mais ne possède pas de masse mesurable quand il n'est pas en mouvement[2].

La découverte des photons a joué un rôle majeur dans la fondation de la physique quantique. L'étude de leur propriété a

1. Voir de R. Feynman et E. Hutchings, *Vous voulez rire, Monsieur Feynman*, Odile Jacob, 2000.

2. *Quantum Concepts in Physics: An Alternative Approach to the Understanding of Quantum Mechanics*, Malcolm Longair.

ouvert la voie à la définition d'une nouvelle catégorie de particules fondamentales, dites quantiques. Grâce aux photons, nous savons que toutes les particules quantiques ont des propriétés ondulatoires et corpusculaires. En outre, l'énergie peut être mesurée sur une échelle quantique. Ceci a marqué le début de la révolution quantique.

Le rôle de l'observateur humain s'est avéré central dans cette compréhension inédite de la matière. En bref, le comportement de la matière, dont la lumière, dépend du point de vue de l'observateur. Cette notion se situe au centre de la théorie de la relativité restreinte d'Einstein. Il y décrit la vitesse de la lumière comme constante, ainsi que l'impossibilité de déterminer le mouvement sans référentiel. Donc, sans l'implication d'un observateur, l'activité de la lumière n'est pas significative.

Fait incroyable, ces concepts modernes de la matière se trouvent au cœur des antiques connaissances alchimiques. Toutefois, rares sont les physiciens quantiques qui reconnaissent l'influence de l'alchimie sur leurs conceptions, à l'exception de Wolfgang Pauli, physicien théorique né en Autriche et mort en 1958. Il a consacré son œuvre à prouver mathématiquement la théorie jungienne de l'impact de la conscience humaine sur la matière.

Pauli était guidé par la conviction inébranlable que les pensées du scientifique influencent directement le résultat d'une expérience. À l'instar d'Einstein, il voulait démontrer qu'une « théorie unique unifiée » était à l'œuvre dans l'univers. Il y incluait la conscience humaine en tant que composante. L'expression « effet Pauli » décrit ainsi le phénomène connu par tous les scientifiques quand leur équipement tombe en panne en raison de leur anticipation consciente ou inconsciente d'un échec[1].

Sur un plan plus fondamental, on attribue à Pauli de nombreuses découvertes qui ont révolutionné la physique quantique,

1. *The Interpretation of Nature and the Psyche*, Carl Gustav Jung et Wolfgang Ernst Pauli. (Cet ouvrage comprend *La Synchronicité, principe de relation acausale* de Jung et *Le Cas Kepler* de Pauli – NdT.)

notamment sur les particules subatomiques. Sa notion théorique du spin a procuré les moyens mathématiques d'identifier des particules invisibles, les « bosons ». Plus de cinquante ans après sa mort, d'autres scientifiques ont reçu le prix Nobel pour avoir poursuivi ses recherches, inspirées elles-mêmes par son étude de l'alchimie.

Plus important encore, la « théorie de grande unification » de Pauli a connu de nouvelles expérimentations, dont celles, récentes, menées à Upton, dans l'état de New York. Les physiciens du RHIC (Relativistic Heavy Ion Collider, Collisionneur d'ions lourds relativistes) étudient la forme primordiale de la matière, née dans l'univers juste après le Big Bang. En utilisant des ions de plomb et d'or, ils ont créé une substance liquide, appelée « plasma de quarks et de gluons » ou « soupe de quarks », un fluide qui existe à des températures plus élevées que celle de notre soleil. L'hypothèse qui fait désormais consensus indique que cette « soupe de quarks » constitue la force qui retient ensemble tous les atomes[1].

On peut raisonnablement imaginer que la *prima materia* des anciens alchimistes est en réalité la « soupe de quarks » des physiciens contemporains. Or tout ce qui existe contient ce plasma.

Si la science la plus moderne convient d'une relation indivisible entre toutes choses dans l'univers, alors la faculté de l'observateur d'influencer un changement dans la matière n'est plus si excentrique qu'on pouvait le croire auparavant. Jung et Pauli méritent notre reconnaissance pour avoir remis au goût du jour notre compréhension du pouvoir que nous possédons. Et l'on se penchera donc avec intérêt sur le processus de chimisation.

Notons cependant que ce procédé a uniquement été tenté par des alchimistes aguerris et zélés, ayant franchi avec succès toutes les phases alchimiques, évoquées plus haut. Ces alchimistes avaient atteint l'étape où ils s'apprêtaient à affronter la grande épreuve (le terme que j'utilise en lieu et place de chimisation) et à se transformer grâce au pouvoir qu'ils avaient développé.

1. Voir, *Inside Cern's Large Hadron Collider: From the Proton to the Higgs Boson*, Mario Campelli.

Les alchimistes ont découvert, grâce à la grande épreuve, qu'en suivant un processus spécifique, ils pouvaient affecter – directement et irréfutablement – l'issue d'un événement ou changer la nature de la matière. En d'autres termes, ils pouvaient réaliser des miracles. Ici, j'emploie l'expression « miracle » dans son acception chrétienne : un phénomène positif et inspirant se produisant sans cause visible ou naturelle.

Il existe plusieurs versions de la grande épreuve consignées dans les écrits alchimiques anciens. On peut les résumer grossièrement en quatre étapes qui représentent les processus internes nécessaires avant que l'alchimiste puisse faire naître ses désirs[1].

Première étape : la « saturation ». La volonté ou l'intention de l'alchimiste se concentre d'abord sur le résultat devant se manifester. On évoque la volonté humaine sous sa forme la plus pure : la résolution inflexible d'obtenir un résultat précis, guidée par l'engagement le plus profond, toute la passion que l'âme peut rassembler.

Parfois, cette passion est évoquée sous le nom de « feu secret » intérieur et de nombreux alchimistes depuis des temps immémoriaux ont essayé de décrire ce pouvoir des plus mystérieux. Certains prétendaient qu'il s'agissait de la force vitale de l'alchimiste, capable de détruire aussi bien que de créer. La plupart jugeaient si puissant ce feu intérieur qu'il fallait uniquement l'enseigner à ceux qui avaient la maîtrise de leur propre part d'ombre.

Pour dissimuler sa vraie nature dans leurs écrits, les alchimistes s'y référaient symboliquement en utilisant les termes d'épée ou de diverses armes. Dans la mythologie grecque, c'est le feu volé par Prométhée. Tandis que dans les mythes romains, il s'agit du feu employé par Vulcain pour forger les éclairs de Jupiter. Quoi qu'il en soit et de quelque façon qu'on le décrive, tous les alchimistes conviennent que, sans ce feu secret, il ne peut y avoir de miracles.

La deuxième étape du processus se nomme « combustion ». En résumé, la volonté de l'alchimiste se concentre – sans aucune

1. Voir Arthur Edward Waite, *The Secret Tradition in Alchemy*.

distraction, avec l'intention la plus ferme – sur le résultat désiré. Parfois, les alchimistes imaginent leur esprit comme un coffre scellé dans lequel cet exercice mental va se dérouler. Le processus est contrôlé et cette malle – fermée pour prévenir toute interférence externe – peut toutefois expulser les impuretés et la négativité.

Même les alchimistes les plus aguerris jugeaient cette activité extrêmement difficile, car elle demandait qu'ils se livrent corps et âme. Apprendre à gérer les déchets négatifs produits par cette expérience mentale s'avérait ainsi essentiel pour éviter toute interférence inopportune. La combustion se poursuit aussi longtemps que nécessaire afin de porter l'objet considéré à ébullition, à savoir son point culminant.

Dès que le pic de combustion est atteint, il est immédiatement suivi par le « silence ». Il s'agit de la troisième étape. L'alchimiste extrait le feu intérieur secret du processus et maintient un silence absolu. Alors, il se désengage de tout investissement concernant le résultat désiré, tout en conservant sa résolution. Au cours de cette période de silence, le pouvoir de l'intention, libéré dans le cosmos, travaille en harmonie avec la matière primitive qui unit toute chose pour conjurer le résultat désiré.

Pendant la grande épreuve, les anciens alchimistes avaient parfois la faiblesse de croire que leur ouvrage avait échoué et, pourtant, ils refusaient de se laisser envahir par le désespoir. Apparemment, l'astuce consistait à maîtriser l'art du lâcher-prise sans renoncer, un équilibre délicat essentiel pour le succès.

La quatrième et dernière étape, la « réalisation », impliquait de brider notre tendance naturelle à l'exubérance. Il fallait encore plus de volonté pour dominer notre désir de manipuler artificiellement ou de modeler les conditions externes afin de concrétiser la réussite escomptée.

La patience dans l'acte qui identifie et suit les signes se révèle à ce stade l'ingrédient principal, une vertu nécessaire. Si l'alchimiste a pratiqué les précédentes phases correctement, alors la manifestation se produit. L'intention devient réalité. Mais pas toujours dans l'immédiat ou de manière évidente et pas forcément de la façon ou sous la forme prévue à l'origine.

Le miracle survient quand l'alchimiste agit sur le fondement de l'intention, comme s'il était déjà passé dans un état de satisfaction sereine. Une joie pure, plutôt que l'explosion d'un plaisir externe. L'équilibre consiste à avancer, sachant que le travail a été accompli, sans impatience ni force excessive. L'intention se manifeste naturellement en harmonie avec le monde et le cœur de l'alchimiste.

Bien sûr, l'effort consacré à ces différentes étapes s'avérera vain, si l'alchimiste ne prend pas conscience qu'il ou elle est fait de la même matière primitive que le reste du monde et que ses pensées et son cœur représentent le lien à cette grande vérité. L'alchimiste qui ne fait plus qu'un avec l'esprit à l'intérieur de toute chose se montrera le seul capable de réaliser des miracles.

*

Dans *L'Alchimiste*, Santiago, paré pour la grande épreuve, accepte l'aide de l'alchimiste. C'est la première fois qu'il a l'occasion de mettre en pratique son nouveau pouvoir. Il s'agit de l'étape finale avant d'atteindre les pyramides et son trésor. Il a parcouru une longue route et va devoir puiser dans toutes les connaissances qu'il vient d'acquérir pour conclure sa quête.

Ils traversent le désert pendant sept jours. Bientôt leurs chemins vont se séparer quand l'alchimiste annonce à Santiago qu'il lui reste une dernière chose à comprendre avant de pouvoir réaliser son rêve. Le monde va le mettre à l'épreuve afin que Santiago apprenne à maîtriser ses nouveaux savoirs. Il l'avertit également qu'il s'agit du moment où la plupart des apprentis alchimistes renoncent.

L'épreuve est implacable, le prévient-il, et Santiago cherche dans son cœur s'il se sent capable de la surmonter. Son cœur lui rappelle le courage et l'enthousiasme qu'il a déjà déployés et lui apprend comment il a protégé le jeune homme de dangers dont il n'avait même pas conscience. Alors, Santiago sait que son cœur et lui-même sont prêts pour l'épreuve finale. Et, il continue vers les pyramides en compagnie de l'alchimiste.

La mort a toujours incarné la plus grande peur de Santiago. Une crainte justifiée tandis qu'ils arrivent au milieu d'un groupe de guerriers qui les capturent. Quand le chef leur demande pourquoi ils errent dans le désert déchiré par la guerre, l'alchimiste lui donne une étrange réponse : il présente Santiago comme un alchimiste qui connaît les pouvoirs de la nature. Et il ajoute que Santiago souhaiterait lui montrer ses extraordinaires capacités.

L'alchimiste confie alors l'or de Santiago au chef et lui offre leur vie si jamais Santiago ne parvenait pas à détruire le camp des guerriers en moins de trois jours, uniquement grâce au vent.

C'est la grande épreuve de Santiago pour laquelle il ne peut y avoir que deux issues : le succès ou la mort. Mais Santiago ignore comment se transformer en vent. Il passe la première journée à essayer d'accepter cette situation inédite : il a perdu son or et contemple sa mort.

Le deuxième jour, il grimpe au sommet d'un rocher et communie avec le désert. Il écoute son cœur.

Le troisième jour, les guerriers, impatients de le voir tenter de détruire leur camp par la force du vent, et l'alchimiste le rejoignent sur la dune. Ils s'asseyent et observent Santiago qui parle au désert du fond du cœur.

Santiago entre maintenant dans sa première grande épreuve alchimique. Il a déjà appris à laisser son cœur mener la conversation avec le désert, le vent et le soleil.

Il parle avant tout d'Amour. Cette discussion entre les éléments et Santiago représente le point culminant de tout ce que son périple lui a enseigné. C'est aussi l'épisode le plus éclairant du livre.

Santiago explique au désert que l'Amour incarne le lien entre toutes les choses et que la vie existe en tout ; en retour, le désert lui offre son sable.

Santiago aide ensuite le vent à comprendre qu'il ne sait rien de l'Amour, mais que s'il essayait, alors il deviendrait plus puissant que jamais et pourrait transformer même un homme en vent. Le vent lui répond en voilant le soleil à l'aide du sable du désert, afin que Santiago puisse regarder le ciel.

Santiago enseigne au soleil qu'il n'a qu'une connaissance limitée de l'Amour, car il observe tout de loin, sans pour autant agir. Il lui explique aussi que les humains représentent l'ingrédient secret du monde parce qu'ils y instillent l'Amour grâce à leur action et enrichissent ainsi la création. Le soleil reconnaît la sagesse de Santiago et lui conseille, s'il souhaite se transformer en vent, d'aller voir la Main qui a tout écrit.

Santiago, au cours de cet exercice mental, a dirigé toute sa concentration et sa résolution afin de devenir le vent, de façon à montrer au commandant suprême qu'il détient le pouvoir sur la nature. Devant ce constat, le chef aurait épargné sa vie et Santiago aurait achevé son voyage vers les pyramides. Là, il aurait trouvé son trésor avant de s'en retourner auprès de sa bien-aimée Fatima.

Ainsi l'Amour incarne-t-il l'intention dernière. C'est la leçon de cet épisode. Tous les éléments de la nature, le désert, le vent et le soleil, mettent la résolution de Santiago à l'épreuve. Ils découvrent alors que l'Amour – et uniquement l'Amour ! – pousse le berger à leur demander de l'aide.

Santiago prie ensuite la Main qui a tout écrit. Mais il ne s'agit plus d'une conversation, ni même d'une supplique, mais plutôt d'une prise de conscience de la vérité dernière. Santiago atteint un moment de compréhension ultime. Seul l'Amour peut réaliser des miracles et l'Amour vit dans tout ce qui existe parce que l'Amour a créé toute chose. Le berger en conclut que si l'Amour habite également dans son propre cœur, alors lui-même pourra accomplir des miracles.

À ce stade du récit, le vent se lève soudain et détruit presque le campement. Santiago est transporté comme par enchantement du rocher vers l'autre côté des tentes. En conséquence, le commandant libère le jeune homme et l'alchimiste afin qu'ils poursuivent leur voyage.

Santiago a passé avec succès sa grande épreuve. Il peut maintenant entrer dans l'action et suivre les signes vers son objectif final : trouver son trésor, puis rejoindre Fatima.

Il ne serait pas excessif de comparer l'histoire de Santiago sur son rocher, sous les yeux de l'alchimiste et des guerriers, à la transfiguration de Jésus de Nazareth face aux apôtres dans le Nouveau Testament. De même, on pourrait la mettre en parallèle avec le passage de l'Ancien Testament où Moïse reçoit les Dix Commandements sur le mont Sinaï devant la tribu d'Israël qui l'attend, massée dans la plaine.

Moïse monte vers la montagne enveloppée d'un nuage et Dieu s'adresse à lui au milieu de la nuée. Quant aux disciples de Jésus, ils entendent également la voix de Dieu qui leur apprend que Jésus est Son fils et qu'ils doivent l'écouter. Dans les deux cas, les rédacteurs de l'Ancien et du Nouveau Testament insistent sur un point très important. L'Amour et les êtres humains ne doivent pas être séparés, mais unis dans leur objectif.

L'Amour vit dans l'âme de chaque être, mais n'agit que dans nos cœurs.

Nous sommes des agents de l'Amour dans le monde quand nous choisissons la transformation. Plus important encore, lorsque nous suivons le processus alchimique, le moment arrivera où nous prendrons conscience de cette vérité d'une façon que je qualifie de transfiguration.

Carl Jung écrit dans *Études alchimiques*[1] : « [...] Le processus divin de changement se manifeste dans notre compréhension humaine et dans notre façon de le vivre en tant que punition, tourment, mort et transfiguration. »

D'après mon expérience, Jung a raison. Comme nous avons pu le constater tout le long de ce livre, suivre la voie du changement signifie braver la mort sous la forme de nos pires craintes. En contrepartie, nous en ressortons transfigurés, nous savons que nous ne faisons qu'un avec l'Amour et sommes capables de miracles.

Je n'affronte la grande épreuve qu'au moment où je pense que les signes m'en indiquent la nécessité, car elle doit être initiée par l'Amour. J'ai besoin de rassembler toutes mes forces. Au nom de la vie privée, je n'entrerai pas dans les détails, mais je vais en décrire les principales étapes.

1. Il s'agit du volume XIII de ses œuvres complètes parues en anglais, *The Collected Works of C. G. Jung.* (NdT.)

Elle commence sur le principe énoncé dans la prière du théologien américain Reinhold Niebuhr :

« Seigneur, accorde-moi la grâce d'accepter avec sérénité ce que je ne peux changer, le courage de changer ce que je peux, et la sagesse de voir la différence. »

Il me paraît important de préciser que les alchimistes ne sont pas des magiciens qui agiteraient leur baguette à tout va, afin de tourner la situation à leur avantage. Toutefois, grâce à la grande épreuve, l'alchimiste peut accomplir des miracles substantiels qui rendront meilleures sa vie et celle de ses proches.

Un signe m'indique donc si je peux changer quelque chose ou non. Il s'agit de la première étape. Une étape cruciale. Je dois savoir, au plus profond de mon cœur, si la situation qu'il me semble devoir corriger peut réellement être améliorée. Souvent le présage initial m'annonçant que je dois la réaliser s'apparente à une inquiétude. Elle se met à dominer mon esprit, puis mon cœur.

Elle provient d'une pensée ou d'une impression tenace. Des paroles d'autrui. Ou simplement de mon examen des circonstances. Je dois avoir la conviction que l'Amour veut passer aux actes pour y remédier. Il peut s'agir de quelque chose nécessitant une amélioration pour moi ou pour un autre : un mode de vie, un traumatisme émotionnel, un problème personnel ou une douleur physique.

Le monde est peuplé de choses qui ne peuvent être changées... et d'autres qui peuvent l'être. Et selon la prière de Niebuhr, il me faut en connaître la différence.

Je supporte cette inquiétude aussi longtemps que je le dois en observant les signes qui m'encourageront à croire que la situation peut se bonifier grâce à un miracle. En règle générale, je cherche un présage qui s'apparenterait à une résolution exprimant le besoin d'une transformation vers l'amélioration du bien-être. Soit dans mon cœur, si je suis impliqué, soit dans celui de la personne que l'Amour m'a confiée. Le plus souvent, s'il s'agit d'une autre personne, je la connais, elle est proche, ou bien l'Amour l'a guidée sur mon chemin.

Alors, l'Amour et mon cœur m'aident à prendre l'ultime décision. Même si la réponse s'avère négative : « Non ! La situation ne peut changer à l'heure actuelle », je ne l'écarte pas pour autant. Je la range dans un coin de mon cœur pour plus tard, quand le moment sera venu. En cas de réponse positive : « Oui, la situation peut évoluer dès maintenant », je me mets immédiatement au travail.

Au sujet des étapes de la grande épreuve, je suis le processus de chimisation, évoqué plus haut. Je mène l'expérimentation quand je me couche, avant de m'endormir, et le matin aussitôt que je me réveille. Parfois même au cours de la nuit, si mon sommeil a été interrompu. J'y consacre au moins trois soirs et jusqu'à deux semaines, au besoin.

Phase de saturation : j'emploie mes capacités d'imagination les plus débridées. Pour commencer, je visualise la ou les personnes impliquées et les entoure d'un cercle de lumière dorée. Je demande ensuite à l'Amour de les envelopper afin de m'aider à évacuer toutes les distractions. Cette étape peut se produire assez vite ou bien exige plusieurs tentatives en fonction de ma faculté de concentration.

Tant que je ne suis pas capable de maintenir une attention continue, je ne pense pas à la transformation requise. Je me concentre sur l'intention déclarée par la personne. Elle s'est engagée, mais elle a besoin d'une assistance pour la voir se réaliser. Par exemple, si j'aide quelqu'un à tourner la page, je vais d'abord réfléchir aux obstacles qu'il rencontre à l'heure actuelle, puis à ce qui doit changer s'il veut avancer vers davantage de bien-être. À la fois intensément concentré sur le présent et visualisant l'avenir, j'écoute également les indices qui trahiraient les causes plus profondes de son dilemme.

Parfois, il s'agit d'un facteur dont il n'a pas conscience et pourtant il m'est révélé. Je prends une note mentale de ces causes avant de les écrire sur un carnet. Je dois avouer qu'il m'arrive durant ce travail de dériver entre veille et sommeil ; rien de plus normal, car j'œuvre dans un espace optimal, à la lisière entre conscient et inconscient.

Phase de combustion : ici, j'augmente la puissance de ma concentration sur la personne entourée du cercle d'or imaginaire en intensifiant la chaleur de mon feu intérieur secret, grâce à ma résolution tout entière tournée vers la réalisation de la transformation. J'ai banni de mon imagination toutes les distractions, les pensées, les sentiments et les préoccupations. J'ai façonné un monde à l'intérieur de la frontière qui sépare mon conscient et mon inconscient ; une réalité onirique où j'aide la personne à créer l'issue désirée par son âme, avant qu'elle se manifeste dans sa vie matérielle.

Plus précisément, je travaille sur la guérison ou la modification des facteurs inhibant la transformation, tels qu'ils m'ont été révélés pendant l'œuvre. Si je vois un enfant blessé qui a besoin de connaître l'amour et les encouragements, j'imagine que l'Amour les lui prodigue. Si je découvre des traits ataviques retenant la personne dans sa vie actuelle, je les isole avec un deuxième cercle d'or afin de laisser l'Amour leur donner ce dont ils manquent pour desserrer leur emprise. Je ne peux avancer sans être convaincu d'avoir identifié tous les éléments.

Lors de l'étape suivante, j'imagine l'Amour comme une boule de lumière qui décrit un huit autour des cercles d'or en volant de plus en plus vite. Il enveloppe la personne d'une grâce et d'une bienveillance cosmiques. J'entrevois l'Amour en tout et en moi. Il se porte au secours de la personne que j'aide, mais aussi des influences négatives présentes dans le cercle adjacent, s'il existe.

Voici la grande épreuve.

Il s'avère extrêmement difficile de la surmonter. Il m'a fallu des années pour la parachever. Dès que je réalise cette expérience, cette phase requiert chaque parcelle de ma concentration et de mon cœur afin de réussir. Lors des premières années, j'ai dû la refaire plusieurs fois, pendant de nombreuses journées, avant de savoir que la phase de combustion était terminée.

Phase de silence : il s'agit moins de l'absence d'activité qu'un état dépassionné quant à l'issue du processus. Mais le moment n'est pas encore venu de se reposer, il reste du travail ! D'abord, en présence de forces négatives dans le cercle d'or adjacent, elles doivent être relâchées afin de repartir d'où elles viennent dans l'espace et le temps ; c'est une nécessité, car, dorénavant, elles n'éprouvent plus le besoin d'exercer leur influence. L'Amour les a gagnées et, souvent, j'imagine que les liens qui les rattachent sont coupés. Ensemble, nous les regardons s'éloigner en paix, avec ma bénédiction et celle de la personne libérée.

Ensuite, je laisse la lumière de l'Amour poursuivre son œuvre discrète d'assimilation de la *prima materia* du sujet avec celle du cosmos, afin que les circonstances de sa vie et de celles du monde autour de lui s'alignent pour engendrer l'issue désirée. Je ne maîtrise pas cette étape et, à bien des égards, mon travail s'achève ici. Je suis désormais l'humble observateur qui doit attendre en silence, incapable d'affecter la transformation ni même de savoir comment elle va se dérouler. Mon unique fonction consiste à maintenir patiemment une résolution inflexible.

Phase de réalisation : la période de silence s'étend sur plusieurs heures chaque jour jusqu'à ce que j'aie l'assurance intime que la principale partie de la grande épreuve est terminée. Alors, j'entre dans l'étape finale : la réalisation. Maintenant, nous n'avons plus besoin du travail d'imagination. Je suis pleinement de retour dans la conscience quotidienne de la réalité, empli de la joie de savoir que l'Amour a déjà fait naître la transformation de l'âme de la personne que j'ai aidée.

Désormais, il me suffit d'être patient et d'attendre qu'elle se manifeste. Ce qui nécessite la faculté de renoncer à toute expectative, en s'accrochant à sa seule résolution. L'unique rôle actif dans lequel je peux m'engager – sans essayer de manipuler ou d'influencer l'issue – consiste à inonder mon cœur de reconnaissance. Je sais gré à l'Amour d'avoir pris les commandes. Le résultat optimal va finir par se produire. D'expérience, il interviendra en quelques heures, jours, semaines, mois ou parfois années. Une seule chose est certaine. Il arrivera. Et il sera rempli d'Amour et de bonheur.

À méditer

À bien des égards, nous avons atteint le moment crucial de ce livre. La grande épreuve s'avère souvent l'une des activités les plus difficiles que vous aurez à affronter durant votre vie. Un défi d'autant plus éprouvant que son issue n'apparaîtra pas forcément sous la forme escomptée. Mais puisez dans votre courage, car le résultat vous semblera dans tous les cas miraculeux et empli d'Amour.

Afin de vous y encourager, je souhaiterais simplement vous dire que surmonter la grande épreuve recèlera toujours une transfiguration. Il s'agit ainsi de l'expérience humaine la plus sublime connue de quiconque a suivi la voie des anciens alchimistes. Elle sera douloureuse et exaltante, au-delà de tout ce que vous anticipez. Le résultat vous ouvrira une nouvelle vie au cours de laquelle assister à des miracles deviendra une seconde nature. Le miraculeux surviendra au quotidien, parce que l'Amour et votre être intérieur ne feront plus qu'un.

Le défi de la grande épreuve vous attend et vous êtes le seul à pouvoir vous y engager. Trouvez le courage en sachant qu'il s'agit certes d'une voie guère empruntée, mais que de grands personnages l'ont suivie avant vous. Ils veilleront sur vous comme l'alchimiste sur Santiago et leur présence se fera sentir dans votre œuvre. Votre récompense sera la transfiguration et, en guise d'exhortation, je souhaiterais partager avec vous cette dernière histoire.

Au coin d'une rue des plus ordinaires de Louisville, dans le Kentucky, se dresse une extraordinaire plaque de bronze.

« Une révélation : le 18 mars 1958, au coin de cette rue, Thomas Merton connaît un miracle qui le mène à redéfinir son identité monastique en s'engageant notamment dans les questions de justice sociale. "J'ai tout à coup été écrasé par le sentiment que j'aimais tous ces gens [...] qui marchent tout autour de moi et brillent comme un soleil."[1] »

1. Il s'agit de citations tirées de *Réflexions d'un spectateur coupable*, Albin Michel, 1970.

Cette plaque commémore la révélation de Thomas Merton, reçue en ce jour de 1958. Peut-être pouvons-nous évoquer une transfiguration qui s'est produite non dans l'isolement du travail interne, mais à la suite d'années de solitude et de prière contemplative. Pour lui, chaque personne qui l'entoure brille comme un soleil, pareil à un être transfiguré. Il voit soudain l'interconnexion qui existe entre chacun de nous. Le voile qui couvrait ses yeux vient de se lever. Et l'Amour est partout. Il n'est pas « arrivé » dans son unicité avec l'Amour, mais il a commencé avant d'agir. Il a passé le reste de son existence à travailler à l'unité sur Terre, telle qu'il l'avait vécue lors de ce moment de transfiguration.

Voici la raison pour laquelle vous êtes parvenu si loin. Vous pouvez désormais avancer vers une vie épanouie où vos actes sont guidés par l'Amour. Rappelez-vous que j'ai demandé à l'Amour de vous procurer tout ce dont vous avez besoin pour surmonter la grande épreuve. Vous n'avez rien à craindre.

CHAPITRE 11

ACTION

Tout au long de ce livre, je n'ai eu de cesse de me concentrer sur l'objectif primordial du *magnum opus*, le grand œuvre des anciens alchimistes, c'est-à-dire, en termes plus simples, la manifestation finale du véritable accomplissement.

Dans ce dernier chapitre, je souhaiterais explorer l'expression de ce pouvoir à travers notre vie quotidienne, notamment avec l'amélioration de notre environnement dans deux principales directions : l'aisance financière et le bien-être.

Je voudrais distinguer les niveaux multiples de l'accomplissement tels que nous pouvons les vivre naturellement au cours de la vie, et ceci depuis l'enfance. L'enfant aimé et encouragé vers la maturité développera normalement une personnalité autonome forte et positive. Dans l'idéal, ceux qui l'élèvent l'accompagnent dans ses explorations, ses questionnements et sa compréhension du monde jusqu'au moment où il devient libre – autant que faire se peut dans nos sociétés –, qu'il pense par lui-même et se comporte en conscience. Cet enfant se mue en adulte qui se connaît et agit pour le bien de tous.

En principe, il aura accès à une éducation de qualité afin d'acquérir toutes les facultés et les savoirs nécessaires pour mener une vie épanouie et altruiste. Cet enfant est véritablement accompli. « En principe », car ce devrait être le cas pour tous les enfants et cependant, selon l'UNICEF, environ 59 millions d'enfants en âge d'être scolarisés dans l'élémentaire ne le sont pas et 38 millions sortent de l'école primaire sans avoir appris à lire, écrire ou compter. Une tragédie.

Une situation aggravée souvent par des conditions de vie misérables. L'absence d'eau potable ou de sanitaires provoque des morts prématurées en raison de maladies pourtant évitables. Quant à la guerre, la famine et les mauvais traitements, ils réduisent drastiquement l'espérance de vie des enfants. Quelle chance auraient-ils ne serait-ce que de commencer à vivre une existence épanouie ? Où pourraient-ils trouver l'occasion de surmonter ces formidables obstacles ?

Bien entendu, une partie de la réponse réside chez ceux qui, ayant le pouvoir de contribuer à modifier ces situations, agissent afin de procurer l'environnement le plus propice à l'épanouissement et à la prospérité. Alors pourquoi cela ne s'est-il pas produit, compte tenu de l'accumulation des richesses depuis des centaines d'années autour du globe ? Qu'est-ce qui empêche ceux qui ont les ressources d'aider ceux qui n'ont rien ?

Malheureusement, il existe des millions de raisons. Ainsi qu'un problème majeur, au cœur de notre sujet, qui tient à l'absence du véritable accomplissement. Le fait est que des enfants, même élevés dans des situations apparemment idéales, sont assez souvent désarmés face à une multitude de facteurs que j'ai décrits dans le livre grâce à des exemples tirés de ma propre enfance. J'ai reçu une bonne éducation de mes enseignants et j'ai été élevé du mieux possible par mes parents. Mais, comme nous l'avons vu, ma faculté à m'aider ou à aider les autres a été considérablement réduite au cours du processus. C'est la raison pour laquelle j'ai choisi la transformation et le processus alchimique afin de pouvoir découvrir le véritable accomplissement.

Comme nous l'avons constaté tout au long de ce livre, l'histoire des alchimistes montre que l'esprit humain a toujours cherché à se transformer et à créer la pierre philosophale afin de pouvoir guérir le monde et lui apporter la prospérité. J'ai essayé d'illustrer son impact étonnant.

Au cours du processus de création de notre pierre philosophale, et à travers lui, les miracles commencent à se produire de façon naturelle. Le simple fait de s'engager dans la transformation permet d'assister au déclenchement d'expériences et d'événements positifs souvent édifiants.

L'histoire brille de nombreux exemples d'alchimistes célèbres qui ont apporté des progrès apparemment miraculeux aux sciences et à la médecine. Penchons-nous un instant sur l'œuvre de Paracelse, pionnier de la médecine dans l'Europe de la Renaissance. Né en Suisse au XVIe siècle, éduqué dans les meilleures universités de l'époque, il a démontré d'extraordinaires talents médicaux qui lui ont assuré une place dans l'histoire.

À l'époque, Paracelse, célèbre pour avoir guéri l'imprimeur bâlois Johann Froben, a attiré l'attention d'Érasme, humaniste et philosophe[1].

Érasme et Paracelse se sont liés d'amitié à l'université de Bâle, où tous deux enseignaient. Ils ont correspondu leur vie durant au sujet de médecine ou de théologie. La contribution de Paracelse à la science moderne inclut un traitement de la syphilis qui, à cette époque, atteignait des niveaux quasi épidémiques. Il a aussi décrit l'épilepsie en tant que maladie et non comme une possession démoniaque.

Son œuvre la plus significative se situe sans doute dans le champ de l'antisepsie. Il a démontré que nettoyer les plaies, les garder propres et laisser faire la nature pouvait sauver des vies… au contraire des onguents infects alors en usage. Il est également l'un des premiers médecins à comprendre que les conditions environnementales influent sur la santé et peuvent induire des maladies, notamment les poussières et les vapeurs toxiques dans les ateliers où travaillent les enfants.

Dans l'histoire des extraordinaires réalisations de Paracelse, on a souvent oublié, voire opportunément négligé, sa dévotion à l'alchimie et sa croyance en la matière primitive. Ainsi utilisait-il le

1. Voir Philip Ball, *The Devil's Doctor: Paracelsus and the World of Renaissance Magic and Science*.

terme d'*archeus*, employé par les alchimistes pour décrire la faculté de la nature à se guérir elle-même. Vous reconnaîtrez le principe énoncé sous le nom d'Âme du monde dans *L'Alchimiste*. Paracelse a tenté d'identifier une source de santé qui existerait dans toute matière, y compris le corps humain.

Ce médecin n'avait rien d'un charlatan. Il a sans cesse dénoncé la prolifération en Europe à cette époque des pseudo-traitements et des superstitions. Sa contribution à la médecine n'est que l'un des nombreux exemples qui montrent que les principes alchimiques ont été au cœur de théories ayant amélioré nos vies.

La science médicale moderne n'a pas jailli de nulle part. Elle a évolué depuis la compréhension fondamentale de la nature et l'interconnexion de toutes choses qui résident au cœur de l'alchimie antique. La transformation de la maladie en santé demeure ainsi l'un des objectifs de la création de la pierre philosophale.

À l'instar de la médecine moderne, influencée au cours des siècles par les principes de l'alchimie, la liberté de créer la richesse ainsi que la devise permettant de l'échanger tirent leur origine du concept alchimique de transformation. Au cœur de la structure financière mondiale, la monnaie se révèle un simple agent de transformation. Ainsi, la production de richesses par l'intermédiation monétaire peut avoir pour résultat le véritable accomplissement. L'argent, en tant que monnaie d'échange autorisant de passer de la pauvreté à l'aisance, ne peut être ignoré. Au contraire, on doit l'accepter voire le rechercher, afin d'apporter le bien-être au sein des sociétés dans lesquelles nous vivons. Il s'agit là d'un autre objectif de la pierre philosophale : transformer le plomb en or.

Désirer la santé ou la richesse se place au même niveau. Il semble si facile de considérer comme allant de soi la liberté que nous octroie la civilisation moderne et d'oublier les pionniers qui se sont battus à travers les âges contre la tyrannie, la dictature, la corruption, l'affairisme et la violence. Depuis les débuts de l'alchimie antique, la liberté de faire le bien se situe au cœur de la transformation. Il ne peut y avoir de transformation vers le pouvoir de blesser autrui. C'est une contradiction dans les termes. Le désir de faire du mal ou de détruire, motivé par la peur, est l'antithèse de la transformation.

Lors du processus alchimique, nous découvrons que l'argent est neutre, ni bon ni mauvais. C'est ce que nous en faisons qui décide du pouvoir qu'il détient.

À l'évidence, la faculté de créer de la richesse n'est pas l'unique prérogative du processus alchimique. Ouverte à tout le monde, la poursuite de l'argent ne s'intéresse ni au mobile ni à la personne. Salauds et saints peuvent gagner de l'argent. Chacun peut s'y engager, incité par la peur ou la cupidité, ou par l'espoir et l'altruisme. Cependant, aucune de ces raisons ne suffit à en garantir le succès.

Ce qui caractérise les alchimistes dans leur quête de la richesse matérielle s'inscrit dans leur motivation et leur intention au sein du processus alchimique. Le secret des alchimistes réside dans le processus qu'ils employaient pour créer de la richesse avec pour principal motif d'apporter du bien-être dans leur sphère d'influence. L'un des célèbres pères de la chimie moderne, l'alchimiste arabe du VIIIe siècle, Jabir ibn Hayyan[1], nous en offre l'illustration.

On lui attribue l'invention de nombreux outils qui font désormais partie de l'équipement de base du laboratoire chimique. Il a également identifié des substances telles que l'acide citrique ou le mercure. Selon la plupart des historiens, sa contribution principale aux domaines de la chimie et de l'alchimie a consisté à décrire le processus d'expérimentation. Son travail sur la classification des éléments, s'il paraît primitif de nos jours, a créé une innovation majeure. Il nommait « esprit » les substances qui s'évaporent à la chaleur ; « métal » les solides fondant sous l'action de la chaleur ; et « poudres » les minéraux non malléables qui ne s'évaporent ni ne fondent.

En tant qu'alchimiste, Jabir ibn Hayyan n'éprouve pas une fascination seulement pour ce que nous appelons dorénavant la

1. Voir Syed Nomanul Haq, *Names, Natures and Things: The Alchemist Jabir ibn Hayyan and his Kitab al-Ahjar*. Il est connu en Europe et cité dans *L'Alchimiste* sous le nom latinisé de Geber. (NdT.)

chimie et pour la découverte des composants de la matière. Il est également motivé par la possibilité de créer de l'or, parce qu'il s'agit de la mesure de la richesse à son époque. Comme à la nôtre, d'ailleurs. Mais, plus important, il s'efforce d'observer et de décrire le processus nécessaire pour produire de l'or à partir des métaux vils.

À l'heure actuelle, nous ne comprenons plus les traces écrites qu'il a laissées. Il ne souhaitait pas que ce savoir tombe entre les mains de ceux qui l'utiliseraient pour faire le mal, aussi l'a-t-il dissimulée dans plus de cinq cents ouvrages. « Le but est de déconcerter et d'induire en erreur tout le monde, à l'exception de ceux que Dieu aime et pour qui Il pourvoit, » note-il ainsi. Il est probablement l'un des premiers auteurs à employer le principe de la stéganographie, grâce auquel la véritable signification du texte n'est accessible qu'au lecteur ayant connaissance d'autres écrits.

Pendant des siècles, de nombreux érudits[1] ont fini par déchiffrer les étapes essentielles selon Jabir ibn Hayyan pour qu'un alchimiste puisse transmuter un métal vil en or.

Voici, sur la base de ma lecture de son œuvre, un résumé de ce que j'ai compris des convictions de Jabir ibn Hayyan au sujet des processus internes.

Toutes les choses ne font qu'une : tout est englobé et relié par la *prima materia* originelle et invisible.

Les pensées peuvent créer la matière : les pensées de l'alchimiste peuvent influer sur la création d'or à partir de matière vile.

Harmonie avec l'Âme de monde : la créativité positive, et non la cupidité, doit être le mobile qui sous-tend l'œuvre.

Le cœur doit être reconnaissant : dans le cœur de l'alchimiste, la peur du manque est chassée par la reconnaissance pour l'abondance.

La concentration se fixe uniquement sur la création de l'or : l'esprit de l'alchimiste se focalise sans désemparer sur la production de la fortune.

1. Parmi lesquels les auteurs traduits dans *The Arabic Works of Jabir ibn Hayyan*, ouvrage publié sous la direction d'E. J. Holmyard.

Travailler avec le monde naturel : l'alchimiste doit comprendre les processus naturels qui expliquent les transformations naturelles de chaque chose.

Rien ne se crée sans action : les miracles ne se produisent pas par hasard ; ils sont le résultat de l'action de l'alchimiste.

L'action, comme nous l'avons vu, s'avère l'unique ingrédient que l'humain – et seul l'humain – peut apporter pour améliorer le monde. Lorsque les actes de l'humain sont inspirés et guidés par l'Amour, alors l'ensemble de la nature, visible et invisible, s'enrichit. Cet enrichissement se manifeste de diverses façons, dont la production de richesse. Les anciens alchimistes savaient que, s'ils suivaient ces étapes essentielles, ils seraient capables de créer de l'or.

*

Dans *L'Alchimiste*, Santiago atteint le stade où il jouit de la faculté d'entrer en action afin de découvrir son trésor. L'alchimiste lui apprend que l'action est guidée par la compréhension que le monde matériel imparfait n'est que le reflet du monde invisible parfait. Quand nous nous emparons de cette vérité, alors nous pouvons puiser dans le pouvoir de l'Amour et changer le monde.

Il explique ensuite à Santiago que les pyramides et les richesses qu'il cherche se trouvent à quelques kilomètres. Santiago doit franchir les ultimes pas. Il vient de loin, c'est la dernière action qu'il doit engager. Son rêve est à portée de main, il ne lui reste plus que ce geste à accomplir. Il doit creuser.

Santiago part seul et, bientôt, il voit les pyramides pour la première fois. Son cœur bondit dans sa poitrine et ses larmes coulent sur le sable du désert. Tandis qu'il s'agenouille, il remarque un scarabée. L'insecte dont les Égyptiens pensaient qu'il apportait la bonne fortune. (C'est également ce même insecte que Jung a capturé dans son cabinet alors que l'une de ses patientes lui racontait en avoir rêvé. Il l'avait ainsi aidée à reconnaître ses sentiments inconscients.) Santiago y voit aussi un signe et se met à creuser.

Nous connaissons la conclusion. Santiago est attaqué par des voleurs et ne trouve pas son trésor. En revanche, le chef lui apprend sa localisation. Là, où il a eu son premier rêve, sous le sycomore en Andalousie. Roué de coups, le berger plus mort que vif repart chez lui péniblement, en passant par le monastère où l'alchimiste lui a laissé un peu d'argent pour le voyage.

De retour en Espagne, Santiago s'assied sous le sycomore et réfléchit à son périple. Il en tire une leçon essentielle : l'importance des signes. Les présages qu'il a suivis lui ont permis de réussir et de trouver son trésor. Alors, il se met à creuser et découvre un coffre rempli de richesses. Il pourra largement payer la Gitane et retrouver Fatima à l'oasis. Cette fois, il ne l'abandonnera plus.

Santiago a réalisé un miracle et il l'attribue à son emploi du processus alchimique : écouter ses rêves, suivre les signes, s'engager dans la transformation, affronter ses plus grandes peurs, invoquer le pouvoir de l'Amour et passer à l'action pour que le miracle se produise enfin. En empruntant cette voie, il a découvert la plus grande vérité de toutes : l'Amour est là qui donne avec générosité, car Santiago désire le véritable accomplissement et souhaite aimer inconditionnellement.

*

Alors que je m'approchais de la fin du manuscrit de ce livre, je cherchais une histoire tirée de ma vie afin de le conclure. Elle est arrivée le jour de mon anniversaire. Mon petit-fils, âgé de cinq ans, m'avait invité chez lui. Il m'a informé que j'aurais un gâteau avec des bougies, mais que nous devrions d'abord jouer à la chasse au trésor. Un jeu qu'il avait lui-même préparé, sans ses parents. Le gâteau est apparu et il m'a aidé à en souffler les bougies. J'ai dû ensuite me lancer dans une quête avant de pouvoir le déguster.

Comme vous l'imaginez, j'étais déjà intrigué par le mot « trésor ». Quel ne fut pas mon étonnement quand il m'a montré une petite carte remplie d'indices ! Alors, je l'ai examinée et, abasourdi, j'ai compris qu'il me fallait découvrir une pyramide en or !

« Allez, grand-père, on doit déterrer le trésor ! » Il m'a tiré de ma chaise et nous avons fait le tour de la maison. Il avait dessiné des flèches dans certaines pièces qui nous ont menés vers l'escalier dans l'entrée. La dernière indiquait la porte du réduit situé sous les marches.

« Qu'est-ce que ça veut dire ? lui ai-je demandé.

— Tu dois aller dans le placard pour trouver le trésor, grand-père ! L'escalier, c'est la pyramide en or ! Et tu as découvert un passage secret. Le trésor est là ! Son excitation culminait et il a fini par m'ordonner : Allez ! Vas-y ! Entre ! »

Tandis que j'observais le cagibi, mes yeux se sont embués. Je me suis souvenu du réduit sous l'escalier où ma mère m'enfermait dans le noir : l'endroit où mon enfant intérieur avait jadis vécu et s'était senti puni, impuissant.

J'ai entrouvert la porte et, au moment où j'ai compris qu'il n'y avait pas de trésor dans l'obscurité, mon petit-fils m'a légèrement poussé dans le dos.

« Allez, grand-père, tu vas découvrir ton trésor !

— Mais c'est très petit et très sombre, là-dedans, ai-je répliqué. Comment vais-je le trouver ?

— Utilise la lampe de ton téléphone, » m'a-t-il répondu, avec à-propos.

Alors, j'y suis entré en employant la torche de mon portable. Là, au fond du placard, j'ai repéré un papier sur lequel était dessiné au crayon orange un squelette.

« Je crois que je l'ai trouvé ! ai-je crié depuis le cagibi. Je peux sortir, maintenant ?

— Oui... On va pouvoir manger le gâteau, m'a-t-il répondu sur un ton qui me laissait entendre que j'avais achevé ma quête.

Je me suis faufilé à l'extérieur et j'ai rejoint toute la famille. J'ai fièrement exhibé mon trésor, avant de demander à mon petit-fils : « Qu'est-ce que ça représente exactement ?

— C'est un squelette en or égyptien. C'est très précieux !

— Oh, merci ! Mais, il faut peut-être que je le donne au British Museum ?

— Non, m'a-t-il répondu. Il est à toi pour toujours ! »

Il m'a regardé avec curiosité en observant mes yeux s'emplir de larmes de joie tandis que je mangeais une part de gâteau. Puis, je l'ai embrassé. C'était mon plus beau cadeau d'anniversaire... et une histoire qui résumait tout ce que j'avais voulu écrire dans ce livre.

Le secret de *L'Alchimiste* est facile à comprendre quand on a les yeux pour le voir.

Le rêve vient de l'enfant intérieur blessé. C'est cet enfant qui détient la réponse qui nous permettra de déterrer notre plus grand trésor. Alors que nous projetons la lumière de l'Amour dans les endroits les plus sombres, nous pouvons aider l'enfant à passer à l'action pour trouver le véritable accomplissement.

L'enfant dans le placard revient souvent dans ma vie, lorsque je suis mis au défi d'avancer et que je dois affronter mes plus grandes peurs. Ma réaction initiale, puérile, tient toujours de l'auto-apitoiement et de l'impuissance. Et pourtant, comme le Soi adulte apporte la lumière de l'Amour et le processus alchimique, l'enfant entre dans le véritable accomplissement et ouvre le chemin pour découvrir le résultat si précieux, le trésor ; alors, les miracles se produisent.

Je me contente de suivre les signes que l'Amour dispense ; et de façon incroyable, ils sont toujours là, en abondance. Il me suffit d'avoir les yeux pour les voir et d'accepter la tâche qui consiste à passer à l'action vers le bonheur et la richesse.

À méditer

Voilà donc le dernier chapitre du *Secret de L'Alchimiste*, et je tiens à vous rappeler la promesse que je vous ai faite au début de cet ouvrage. Au moment même où vous vous engagerez dans la transformation, vous constaterez une amélioration de votre pouvoir personnel, si vous le souhaitez réellement. Et comme vous achèverez ce livre en appliquant chacun de ses principes, vous vous rapprocherez d'une vie qui verra s'épanouir le véritable accomplissement.

Comment le sais-je ? C'est la promesse que je vous ai faite, lecteurs : « J'ai demandé à l'Amour de vous donner tout ce dont vous avez besoin, afin que vos désirs se réalisent. Il vous faut simplement savoir ce que vous voulez. »

C'est un bon moment pour vous reposer cette question : « Savez-vous réellement ce que vous souhaitez ? »

Peut-être découvrirez-vous que votre réponse a changé au cours de votre lecture. Car il n'y a pas de bonne réponse. Elle doit seulement être sincère et honnête.

Peut-être ne l'aimerez-vous pas, aussi devrez-vous faire attention à ne pas la juger ni la refouler. Car l'acceptation pleine et entière de ce que vous désirez vraiment est requise avant que votre rêve soit exaucé. Si la réponse comporte le souhait de vous transformer vers le véritable accomplissement, alors vous serez capable d'employer toute la puissance du processus alchimique pour le réaliser.

Ainsi que l'affirmait Saint François d'Assise : « Commence par faire le nécessaire, puis fais ce qu'il est possible de faire et tu réaliseras l'impossible sans t'en apercevoir. »

Il est nécessaire de répondre à la question « Que voulez-vous vraiment ? » avant de pouvoir procéder à la transformation. Votre réponse vous indiquera également la phase du processus alchimique dans laquelle vous vous trouvez. Par exemple, si vous répondez : « Je veux triompher de ma peur d'être vulnérable face aux autres », il peut s'agir de l'indication que vous devez rendre visite à votre enfant intérieur et envelopper d'Amour les souvenirs qui vous rendent honteux ou craintifs. Si vous répondez : « Je veux connaître la réussite financière », alors vous devez peut-être examiner votre relation à l'argent et réfléchir à vos comportements ou aux blocages qui ralentissent vos progrès vers le bien-être matériel.

Quelle que soit la réponse que vous donnez à la question « Qu'est-ce que je veux vraiment ? », elle révélera le rêve que votre cœur abrite en même temps qu'il protège votre trésor. Le processus alchimique de transformation vous permettra d'exaucer vos rêves avec l'aide de l'Amour.

Comment sais-je qu'il s'agit de la vérité et qu'elle s'applique également à vous ?

Je pense que, dorénavant, vous connaissez la réponse à cette question !

Vous êtes l'alchimiste de votre monde et l'Amour vous exaucera.

POUR ALLER PLUS LOIN

Campbell, Joseph, *Reflections on the Art of Living, A Joseph Campbell Companion,* œuvres choisies et éditées par Diane K. Osbon, New York, HarperCollins Publishers, 1991.

Coelho, Paulo, *The Supreme Gift*. Adaptation du sermon de Henry Drummond : « La plus grande chose au monde », Barcelone, Sant Jordi Asociados, 2013.

Johnson, Robert A.,

He – Understanding Masculine Psychology, New York, HarperCollins Publishers, 1989.

She – Understanding Feminine Psychology, New York, HarperCollins Publishers, 1989.

Julienne de Norwich, *Les Révélations de l'amour divin*, Orbey, Arfuyen, coll. « Les carnets spirituels », 2017, traduit par Sœur Claude-Pierre.

Lachman, Gary, *Jung the Mystic, The Esoteric Dimensions of Carl Jung's Life and Teachings*, New York, Penguin Books, 2013.

Levy, Paul, *The Quantum Revelation, A Radical Synthesis of Science and Spirituality*, New York, Select Books, 2018.

Peck, M. Scott, *Le Chemin le moins fréquenté*, Paris, J'ai lu, 2004, traduit par Laurence Minard.

Powell, John, *Why Am I Afraid to Love?* Mexico City, Argos Communications, 1967.

BIBLIOGRAPHIE

Ball, Philip, *The Devil's Doctor: Paracelsus and the World of Renaissance Magic and Science*, New York, Random House, 2014.

Brown, Robert McAfee, sous la dir., *Essential Reinhold Niebuhr: Selected Essays and Addresses,* New Haven, CT, Yale University Press, 1987.

Campanelli, Mario, *Inside Cern's Large Hadron Collider: From the Proton to The Higgs Boson,* Singapour, World Scientific Publications, 2015.

Campbell, Joseph, *Le Héros aux mille et un visages*, Paris, J'ai Lu, 2013, traduit par Henri Crès.

Campbell, Joseph, *The Inner Reaches of Outer Space*, Perennial Library, New York, Harper & Row, 1988.

Coelho, Paulo, *L'Alchimiste*. Paris, J'ai Lu, 2013, traduit par Jean Orecchioni.

Coelho, Paulo, *Le Pèlerin de Compostelle*, Paris, J'ai Lu, 1996, traduit par Françoise Marchand-Sauvagnargues et Émilie Audigier.

Clymer, R. Swinburne, *Hermetic Science and Alchemical Process*, Whitefish, MT, Kessinger Legacy Reprints, 2010.

Dyer, Wayne W., *Real Magic,* New York, HarperCollins, 1992.

Feynman, Richard P. et Edward Hutchings, *Vous voulez rire, Monsieur Feynman*, Paris, Odile Jacob, 2000.

Holmyward, E.J., sous la dir., *The Arabic Works of Jabir ibn Hayyan*, traduits par Richard Russel en 1678. New York, E. P. Dutton, 1928.

Jaffé, Aniela, sous la dir., *Memories, Dreams, Reflections by C. G. Jung*. New York, Random House, 1965.

Jean de la Croix, *La Nuit obscure*, Paris, Seuil, 2011, traduit par le père Grégoire de Saint Joseph.

Johnson, Robert A., *Owning Your Own Shadow: Understanding the Dark Side of the Psyche*, San Francisco, HarperSanFrancisco, 1991.

Jung, C. J., *Alchemical Studies*, vol. 13, œuvres complètes de C. G. Jung, éditées et traduites par Gerard Adler & R. F. C. Hull, Princeton, NJ, Princeton University Press, 1983.

Jung, C. J., *Aion : Researches into the Phenomenology of the Self*, vol. 9, partie II, œuvres complètes de C. G. Jung, éditées et traduites par Gerard Adler & R. F. C. Hull, Princeton, NJ, Princeton University Press, 1979

Jung, C. J., *Archetypes and the Collective Unconscious*, vol. 9, partie I, œuvres complètes de C. G. Jung, éditées et traduites par Gerard Adler & R. F. C. Hull, Princeton, NJ, Princeton University Press, 1980.

Jung, C. J., *Psychology and Alchemy*, vol.12, œuvres complètes de C. G. Jung, éditées et traduites par Gerard Adler & R. F. C. Hull, Princeton, NJ, Princeton University Press, 1980.

Jung, C. J., *The Structure and Dynamics of the Psyche*, vol. 12, œuvres complètes de C. G. Jung, éditées et traduites par Gerard Adler & R. F. C. Hull, Princeton, NJ, Princeton University Press, 1975.

Jung, C. J., *Symbols of Transformation*, vol. 5, œuvres complètes de C. G. Jung, éditées et traduites par Gerard Adler & R. F. C. Hull, Princeton, NJ, Princeton University Press, 1976.

Jung, C. J., *Synchronicity : An Acausal Connecting Principle*, vol. 8. œuvres complètes de C. G. Jung, éditées et traduites par Gerard Adler & R. F. C. Hull, Princeton, NJ, Princeton University Press, 2010.

Jung, C.G. et Wolfgang Ernst Pauli, *The Interpretation of Nature and the Psyche*, préfacé et traduit par Marvin Jan Greenberg. New York & Tokyo, Ishi Press, 2012.

Kirsch, Thomas et George Hogensen, sous la dir., *The Red Book. Reflections on C.G. Jung's Liber Novus*, Londres, Routledge, 2014.

Longair, Malcolm, *Quantum Concepts in Physics: An Alternative Approach to the Understanding of Quantum Mechanics*, Cambridge, Cambridge University Press, 2013.

Maxwell-Stuart, P.G., *The Chemical Choir: A History of Alchemy*, Londres, Continuum International Publishing Group, 2008.

Mayer, Philip, sous la dir., *Socialization: The Approach from Social Anthropology*, Londres, Routledge, 1970.

McGrath, Alister E., *Christian Theology, An Introduction*, cinquième édition, Hoboken, NJ, Wiley Blackwell, 2011.

Merton, Thomas, *Réflexions d'un spectateur coupable*, Albin Michel, 1970.

Merton, Thomas, *Contemplative Prayer*, Londres, Darton Longman & Todd, 2005.

Moore, Robert L., *Facing the Dragon: Confronting Personal and Spiritual Grandosity*, Asheville, NC, Chiron Publications, 2003.

Newton, Isaac, Keynes MS. 28., *The Chymistry of Isaac Newton*, William R Newman, sous la dir., Bloomington, IA, Indiana University, 2010.

Nomanul Haq, Syed, *Names, Natures and Things: the Alchemist Jabir ibn Hayyan and His Kitab al-Ahjar (Book of Stones)*, Boston Studies in the Philosophy of Science, Dordrecht, Kluwer Academic Publishers, 1994.

Pinch, Geraldine, *A Guide to the Gods, Goddesses and Traditions of Ancient Egypt*, Oxford, Oxford University Press, 2002.

Schwartz-Salant, Nathan, sous la dir., *Jung and Alchemy*, Princeton, NJ, Princeton University Press, 1995.

Shakespeare, William, *Le conte d'hiver*, Paris, Les Éditions de Minuit, 1996, traduit par B. M. Koltès.

Umail, Muhammad Bin et M. Turab Ali, *Three Arabic Treatises on Alchemy*, Whitefish, MT, Kessinger Legacy Reprints, 2010.

Von Franz, Marie-Louise, *Alchemy: An Introduction to Symbolism and the Psychology*, Studies in Jungian Psychology, Toronto, Inner City Books, 1982.

Waite, Arthur Edward, *The Secret Tradition in Alchemy*, Londres, Routledge, 2007.

Wheeler, Philip N. et Hans W. Nintzel, *Alchemical Symbols: Volume 21*. The R.A.M.S. Library of Alchemy. Santa Monica, CA, RAMS Publishing Company, 2015.

NOTE AUX LECTEURS

Merci d'avoir lu *Le Secret de L'Alchimiste*.

Pour obtenir des informations sur les cours en ligne et les événements que j'organise, n'hésitez pas à consulter :

http:// colmholland.com

Cordialement,
Colm Holland

Composition et mise en pages
Nord Compo à Villeneuve-d'Ascq